Eine Reise durch die Aufklärung

Lebendige Kulturgeschichte in der Edition BoD

hrsg. von Vito von Eichborn

Carsten Priebe

Eine Reise durch die Aufklärung

Maschinen, Manufakturen und Mätressen
Die Abenteuer von Vaucansons Ente
oder Die Suche nach künstlichem Leben

Edition BOD

Bücher für Entdecker

Books on Demand bietet Autoren ein neues Verlagskonzept. Viele Debütanten, etablierte Autoren und engagierte Verleger nutzen den Publikationsservice von Books on Demand und bereichern den Buchmarkt mit interessanten und außergewöhnlichen Titeln. Vito von Eichborn, einer der innovativsten Buchmacher Deutschlands, wählt als Herausgeber für die Edition BoD herausragende Neuerscheinungen aus. Lesen Sie selbst, welche Entdeckungen das Programm von Books on Demand möglich macht.

Mehr Infos auch auf www.bod.de.

Dr. Carsten Priebe, geboren 1967 in Karlsruhe, befasste sich bereits während seines Studiums der Volkswirtschaftslehre mit Technikgeschichte. Noch während seiner Ausbildung an der Universität Karlsruhe entstand seine erste Buchpublikation über die Pioniere der Automobilentwicklung. Der Zufall führte ihn später in den Finanzjournalismus. 1999 sah er für sich in Deutschland keine Zukunft mehr und zog in die Schweiz, wo er als Wirtschafts- und Finanzredaktor für verschiedene Publikationen arbeitete, bevor er in die Finanzdienstleistungsbranche wechselte. In seiner Freizeit beschäftigt er sich gerne mit verschiedenen historischen Themen. Carsten Priebe lebt heute in einem Dorf außerhalb Zürichs.

Vito von Eichborn war Journalist, dann Lektor im S. Fischer Verlag, bevor er 1980 den Eichborn Verlag gründete, dessen Programm noch heute ein breites Spektrum umfasst: Humor, Kochbücher und Ratgeber, Sachbücher aller Art, klassische und moderne Literatur sowie die Andere Bibliothek. Nach seinem Ausstieg im Jahre 1995 war er u.a. Geschäftsführer bei Rotbuch/Europäische Verlagsanstalt und sechs Jahre Verleger des Europa-Verlags. Seit 2005 ist Vito von Eichborn selbständig als Publizist tätig und fungiert u.a. seit März 2006 als Herausgeber der Edition BoD.

» … ohne … die Ente von Vaucanson hätten wir nichts,
was noch an die Glorie Frankreichs
erinnert … «

Voltaire in seinem Brief vom 5. Mai 1743 an den Comte d'Argental [1]

1 Besterman, T.: Correspondance de Voltaire; Vol. II. Lettre 2323; S. 105

Meine Buchhändlerin sagte mir, »ja«, sagte sie ...

Ja, ein Sachbuch über die Zeit der Aufklärung könnte durchaus auf Publikumsinteresse stoßen – ja, aber nur, wenn es nicht versimpelt ist, sondern klug, wenn es nicht zu theoretisch ist, sondern lebendig, wenn es also gleichzeitig vergnügliche Lektüre ist und das Selbstdenken anregt ...

Wer ist denn dieser Vaucanson überhaupt?«

»Er war einer der bedeutendsten Erfinder des 18. Jahrhunderts. Ihm haben wir im Grunde auch das Internet zu verdanken – naja, sagen wir: die Grundidee. Denn er erfand die Steuerung von Maschinen durch Lochkarten, im Kern also das Eins-Null-Prinzip. Im Mittelpunkt dieses Buches jedoch steht seine mechanische Ente, die ...«

»Was ist denn das für ein Blödsinn«, unterbrach mich meine Buchhändlerin, »Blechspielzeug? Ich dachte, das sei seriös?«

»Aber ja«, rief ich, »diese Ente war eins der technologischen Wunder seiner Zeit! Sogar Goethe machte sich auf, um sie zu bewundern. Der Autor verfolgt den Weg dieser Ente durch die Wirren in der Zeit der Revolution; sie wird quasi zum ‚Aufhänger' für einen tiefen und originellen Einblick in die ganze Epoche. Dann war die Ente länger verschollen, die Dampfkraft leitete eine neue Ära im Maschinenbau ein, und Vaucanson verfeinerte mit Lochkarten die Steuerungsmechanik von Musikautomaten.«

»Hört sich ja ganz interessant an«, warf meine Buchhändlerin skeptisch ein, »aber ist das alles nicht viel zu technisch, vor allem für meine bücherkaufenden Leserinnen?«

»Interessant!?«, war ich empört, »mit dieser Allerweltsvokabel wird man diesem Buch nicht gerecht. Das ist aufregend, vielschichtig, schillernd, das ist lebendige Kulturgeschichte, das liest sich wie ein Roman über den Beginn unserer Moderne!«

Sie wollte mich wieder unterbrechen, aber ich ließ mich nicht stoppen: »Technik? Aber ja, Priebe macht sie spannend. Und außerdem begegnen wir den wichtigsten Gelehrten der Zeit in den Salons von Paris, erleben die Ausschweifungen bei Hofe und Szenen finstersten Aberglaubens, in diesem Buch wird ein ganzes Jahrhundert lebendig. Auf dem Totenbett dann konnte sich der aufgeklärte Vaucanson nicht mal gegen die Sterbesakramente wehren, und er geriet in Vergessenheit. Erst Jahre später wurde seine Ente wieder der Öffentlichkeit in ganz Europa präsentiert, als auch Goethe sie sah ...«

Ich merkte, dass mein Gegenüber mir nicht mehr zuhörte. Sie hatte mir das Buch aus der Hand genommen und ganz buchhändlerinnenmäßig hier und da hinein geschmeckt.

»Von wegen Technik, das ist ja sogar lustig!«, meinte sie, »auch voller Episoden und Anekdoten ...«, sie zögerte, »verdammt, am Samstag wollte ich eine Radtour machen, keine Chance, da muss ich dies lesen. Jetzt interessieren mich die Zeitgenossen von dieser verrückten Ente.«

Tja, mir ging es genauso. Ich blätterte wie immer erst hier und da, dann begann ich von vorne, tauchte ein in diese Zeit und erst viele Stunden später wieder auf.

Wenn ein Sachbuch mich fesseln soll, braucht es durchgehend narrative Elemente. Hier werden das Leben und die Ente von Vaucanson zum Roman.

Und man versteht auch das eigene Staunen über die umwälzenden Erfindungen unserer Gegenwart wie in einem Spiegel.

Wer die Neugier verloren und das Staunen verlernt hat, sollte die Finger von diesem Buch lassen, empfiehlt

Vito von Eichborn

Vorwort zu dieser Ausgabe

Der vorliegende Text entstand auf Anregung von Vito von Eichborn. Sein Vorschlag, »Vaucansons Ente« neu zu edieren, veranlasste mich, den ursprünglichen Text zu überarbeiten und zu ergänzen. Dazu wurden einige neue Quellen ausgewertet und verwendet, zu den wichtigsten zählen die Sittengeschichte von Schidrowitz und die Werke von Paul Lacroix über das 18. Jahrhundert. Besonderer Dank gilt Rainer Kühn für die Durchsicht des Textes und seine wertvollen Anregungen.

Rafz, 2007

Vorwort

Wie nähert man sich einem Erfinder, der trotz seiner enormen Leistungen kaum noch bekannt ist, der im Raum-Zeit-Kontinuum der Geschichte nur mühsam als singulärer Punkt auszumachen ist? Wie schließt man Lücken in einer Biographie, die in einer Epoche spielt, die uns heute scheinbar vertraut scheint und doch so fremd ist? In der Rekonstruktion müssen sich die Techniken des Historikers mit dem Spürsinn des Journalisten mischen. Jacques Vaucanson hat es eigentlich nicht verdient, vergessen zu werden. Seine bahnbrechendste Erfindung war es, Maschinen mit Hilfe von Lochkarten zu steuern. Dadurch wurde die digitale Programmierung unserer Tage erst möglich: Loch / kein Loch, ja / nein, 0 / 1. Trotzdem verbinden wir nicht einmal seinen Namen mit diesem technologischen Durchbruch – es war vielmehr sein Nachfolger Jacquard, der Namensgeber für den ursprünglich von Vaucanson entwickelten programmierbaren Webstuhl wurde.

Zu den bemerkenswertesten Konstruktionen Vaucansons gehörten drei Automatenfiguren, darunter die seinerzeit berühmte mechanische Ente. Sie sind das wahre Vermächtnis Vaucansons. Sie waren es, die die Aufklärer und Enzyklopädisten beeindruckten und in ihrer Gedankenwelt beeinflussten. Ihre Spur durch die gelehrten Salons Europas soll hier rekonstruiert werden.

Danken möchte ich Eva Plüss und Volker Reeck für ihre Anregungen. Sie haben zudem das Manuskript durchgesehen und lektoriert.

Zürich 2004

Vaucansons Automaten nach Gravelot.
Deckblatt der Beschreibung für die
Académie des Sciences von 1738.
In der Mitte die Ente.

Prolog

Grenoble – eine abweisende Stadt. Fast so unnahbar wie die mächtigen Berge, die sie umgeben. Im Winter sinken hier die Schatten früh über Plätze und Straßen. Dann wird es kalt, eiskalt. Ein erbarmungsloser Wind von den Bergen treibt jedermann die Tränen in die Augen, verschlägt den Atem. Die Menschen flüchten sich in ihre schlecht geheizten Häuser, suchen Licht und Wärme am offenen Feuer. Wehe den Soldaten, die jetzt im Fort hoch über der Stadt Wache schieben müssen – besonders nachts, wenn der Schnee das Mondlicht reflektiert und die Finger taub vor Kälte werden.

Hier beginnt unsere Geschichte, mitten im Februar des Jahres 1709. Das Jahr hatte besonders kalt begonnen. Hunger war ein ständiger Begleiter, und die Zahl der ausgemergelten und zerlumpten Bettler vor den Kirchen schien ständig zu steigen. Aus dem Nahrungsmangel des Einzelnen wurde bald eine kollektive Hungersnot: In ganz Frankreich verhungerten Tausende Menschen. Nur die Kälte lähmte noch die Plünderer.

Viele Handwerker und Bauern meldeten sich in diesen Zeiten freiwillig zum Dienst in den Armeen Louis XIV. (1638-1715), deren Bedarf nach Kanonenfutter unersättlich war.

In dieser unwirtlichen Stadt wird am 24. Februar einer der genialsten Mechaniker des Abendlandes geboren: Jacques Vaucanson.

I.

Jacques war das jüngste von zehn Kindern. Im Kirchenbuch der Gemeinde wurde sein Geburtsname Vocanson geschrieben. Die Großfamilie drängte sich in vier Zimmern im dritten Stock der Hausnummer 3 der Rue de la Brocherie. Einige Geschwister starben früh, andere gingen schon in jungen Jahren in Klöster. Nur so blieb in dieser schweren Zeit dem Rest der Familie genug zum Leben, denn Frankreich war wieder einmal im Krieg.

Am 11. September fügte Frankreichs Marschall Claude de Villars (1653-1734) den alliierten Truppen des Duke of Marlborough (1650-1722) und des Prinzen Eugen (1663-1736) bei der Schlacht von Malplaquet, einem völlig unbedeutenden Dorf im umkämpften Grenzland der spanischen Niederlande, schwere Verluste zu. Die Schlachtreihe der Franzosen erstreckte sich über eine Länge von fast fünf Kilometern. Nie zuvor trafen so viele Soldaten bei einer Schlacht aufeinander. Fast 80 000 Franzosen und Bayern standen 110 000 Alliierten gegenüber. Malplaquet musste um jeden Preis gehalten werden, denn nach dem Fall der alten Festung von Tournai am 5. September hätte sonst niemand mehr den Marsch der Alliierten nach Paris stoppen können. Der große Festungsbaumeister Sébastien le Prestre Vauban (1633-1707) hatte die Mauern von Tournai mit zehn Bastionen, vier Hornwerken und einer Zitadelle verstärkt. Doch das Bollwerk hielt den Angreifern nicht stand. Nun wurde die Entscheidung bei Malplaquet gesucht. Die Vorbereitungen zur Schlacht zogen sich über Tage. Beide Seiten spionierten einander aus und am Morgen des 11. September riefen die Trommeln zum Kampf. Trotz der zahlenmäßigen Unterlegenheit schien der Sieg für de Villars zum Greifen nahe, denn die Alliierten erlitten im Wäldchen von Taisnières-sur-Hon schwere Verluste. Doch dann wird de Villars verwundet und das Blatt wendet sich. Die Allianz beklagte fast 30 000 Tote und Verwundete, konnte aber die Franzosen zurückschlagen. Die Truppen Louis' XIV. mussten sich vor der Übermacht der Allianz beugen und den geordneten Rückzug antreten; Marschall Louis-François de Boufflers (1644-1711) organisierte den Abmarsch und rettete so Zehntausenden Soldaten das Leben. Trotzdem blieben 12 000 Franzosen auf dem Feld der Ehre zurück. Es war die blutigste aller Schlachten, die Louis XIV. kämpfte. Am Abend zuvor hatten preußische und französische Offiziere noch zusammen gebechert und gefeiert, konnten sich kaum voneinander trennen ...

Am Tag nach der Schlacht erholten sich an der Amsterdamer Börse die Kurse. Normalität kehrte ein. Wieder einmal zogen zerlumpte, traumatisierte und verkrüppelte Veteranen bettelnd durch die Straßen, in den Niederlanden und in Frankreich. Nur wenige von ihnen kamen im Hôtel des Invalides in Paris unter. Der Spanische Erbfolgekrieg wurde derweil mit den Friedensverträgen von Utrecht am Verhandlungstisch beendet.

In Grenoble war im Herbst 1709 von alldem wenig zu spüren. Vaucansons Vater, Jacques Senior, war ein Meister der traditionsreichen Handschuhmacher in Grenoble; ein frommer Handwerker und Händler. Handschuhmacher war ein angesehener Beruf, denn Handschuhe waren Luxusgegenstände, oft reich verziert, zuweilen mit Juwelen geschmückt und häufig stark parfümiert. Sie wurden von Adel und Klerus teuer bezahlt und massenweise gebraucht.

Der Vater schickte seinen Sohn bald in die Obhut der Jesuiten. Der Orden war in letzter Zeit zahlreichen Angriffen ausgesetzt, konnte sich aber behaupten. Mit sechs Jahren, also 1715, trat der junge Jacques in die Jesuitenschule von Grenoble ein. Gottesfürchtig und doch gelehrt, streng und wundergläubig – so wurde hier erzogen. Noch in Jahresfrist verlor Jacques den Vater; der hatte einen weiteren harten Winter überlebt und starb im

April 1716. Seine strenggläubige Witwe Dorothée Lacroix tat alles, um ihrem jüngsten Sohn eine gute religiöse Erziehung angedeihen zu lassen. Vom Alltag im Konvent gab es für Jacques nur wenig Abwechslung. Jeden Samstag besuchte die Mutter mit ihm zwei alte Damen. Die Stunden vergingen nur langsam. Die ermüdenden Gespräche schienen sich immer um dieselben Themen zu drehen. Die Wohltat der Sicherheit, die Langeweile der Routine. Jacques interessierte das alles nicht. Er hatte in der Wohnung der alten Damen nur Augen für eine mechanische Uhr. Er studierte sie genau, zerlegte sie im Geist, analysierte ihren Bewegungsablauf, beobachtete, wie die kontrollierte Kraft der Feder die Zahnräder bewegt, wie sie ineinander greifen und die Zeiger über das Zifferblatt treiben. Jacques war fasziniert. Bei jedem Besuch lernte er mehr, bis er verstand. In der Werkstatt des Vaters begann er zu basteln und es gelang ihm das Unglaubliche: Er baute eine mechanische Uhr mit Stundenschlag. Legenden ranken sich um seine außergewöhnliche Begabung. So soll er vom Jesuitenkolleg verbannt worden sein, weil er ein kleines mechanisches Figurentheater mit Engeln und Priestern gebaut habe. Ein Spielzeug, das die barocken Kircheninszenierungen dermaßen entlarvte, hätte natürlich eine Bestrafung verdient.

Hatte Vaucanson damals von Antoine Morand gehört? Morand war ein Autodidakt wie er selbst, der es in Paris zu großem Ansehen gebracht hatte. Wir wissen nicht genau, wann Morand geboren wurde, wohl um 1650. Er hatte die berühmtesten Uhrenautomaten seiner Zeit in Frankreich studiert, etwa jene von Nicolas Lippius in Lyon oder auch die von DeVic in Paris. Sicher hatte er sich auch mit der berühmten Uhr im Straßburger Münster befasst, die 1573 nach den Plänen des Mathematikers Konrad Dasypodius (1530-1600) fertiggestellt worden war. 1706 war es soweit, Morand überreichte Louis XIV. eine hochkomplizierte Uhr für dessen Gemächer in Versailles. Noch heute ist das

Meisterwerk im Merkur-Saal der großen Gemächer zu sehen. Bei jedem Stundenschlag krähen zwei Hähne und schlagen mit den Flügeln. Figuren setzen sich darauf in Bewegung, schlagen auf Glocken, zuletzt öffnen sich die Tore eines Tempels und eine Figur Louis' XIV. tritt hervor, um unter triumphalem Glockenspiel von der Siegesgöttin gekrönt zu werden. Der Sonnenkönig steht im Mittelpunkt dieses mechanischen Universums; denn man stellte sich den Kosmos als Regelwerk vor, das berechenbaren Gesetzmäßigkeiten gehorcht. Ganz Frankreich redete von diesem Meisterwerk. Morand baute noch einige weitere Automaten, dann verschwand er im Strom der Zeit.

Im Jahr 1717 wird Jacques mit einer Kutsche ins Collège de Juilly gebracht. Ein neuer Lebensabschnitt beginnt; er lernt lesen und schreiben und gehört bald zu dem alphabetisierten Viertel der Bevölkerung Frankreichs. Seine Mutter hatte den Oratoriern, die das Kolleg führen, für dieses Privileg die beträchtliche Summe von 1000 Livres gezahlt. Jacques vertieft sich bald in jeder freien Minute in seine Konstruktionen, plant und zeichnet unermüdlich. Pater Jean-Simon Mazières, Mitglied der Académie des Sciences, erkennt das Talent des Jungen und hilft ihm beim Bau eines von Jacques entworfenen Bootsmodells mit mechanischem Antrieb.

Hatte Vaucanson vielleicht von jenem kunstvollen selbst rudernden schiffsförmigen Tischautomaten gehört, den einst der Augsburger Silberschmied Schlottheim (ca.1546-1625) für Kaiser Rudolf II. (1552-1612) gebaut hatte? In diesem Segelschiff war eine kleine Orgel verborgen, die drei Melodien mitsamt Trommelbegleitung spielte. An Deck standen vier Trompeter, ein Trommler und ein Pauker. Am Ende jeder Fahrt wurde eine Kanone abgefeuert.

Rudolfs Wunderkammer in Prag führte noch weitere Prunkstücke des Automatenbaus. Der Augsburger Melchior Mair (1565-1613) passte ein Uhrwerk in den Körper eines Zentauren, der seine Augen bewegen konnte und eine Reiterin trug, die am Ende des Ritts einen Pfeil über den Tisch verschoss. Einen Triumphwagen für seine Tafel hatte sich der Kaiser von Sylvester II. Eberlin (ca. 1570-1639) anfertigen lassen. Das Uhrwerk des Tischwagens trieb zwei Faune an, die ihn zogen. Eine von Schlottheim gefertigte Orgel mit sechs Pfeifen spielte eine Melodie, zu der die Figur des Bacchus auf dem Wagen den Arm hob. Ein Musikant blies den Dudelsack und ein Papagei schlug die Flügel. Der Gast, vor dem das prunkvolle Spielzeug stehen blieb, musste sein Glas leeren.

Kannte Vaucanson vielleicht auch die Überlieferungen von jenen sagenhaften Automaten des Robert Grotest, des Bischofs von Lincoln, der wie auch Roger Bacon (1214-1292) im 13. Jahrhundert einen sprechenden Menschenkopf gebaut haben soll? Oder von jenem Automaten des Bischof Albertus Magnus (1200-1280), der angeblich im Zimmer umherging, eintretende Besucher begrüßt habe und von seinem Schüler Thomas von Aquin (1225-1274) zerstört worden sein soll? Hatte der junge Erfinder von den mechanischen Vögeln und Schlangen, den Schützen, Tänzern und Bläsern eines Meister Caspar Schlott oder jenen seines Glaubensbruders, des Universalgelehrten und Jesuiten Prof. Athanasius Kircher (1602-1680) aus Würzburg gehört? Oder wusste Vaucanson vielleicht von jenem Automaten des Mechanikers Achilles Langenbucher aus Augsburg, der im Jahre 1610 die Kirchgänger überraschte, als seine Erfindung eine ganze Vesper – nämlich 2000 Takte – von selbst spielte?

Oder war es etwa Pater Mazières, der Vaucanson von Pater Truchet (1657-1729) aus Lyon erzählt hatte, jenem Mitglied der Académie, der für Louis XIV. nicht nur die Hydraulik in den Gärten von Versailles konstruierte, sondern auch ein kunstvolles bewegliches Bild zum Amüsement des Königs gebaut hatte? Vaucanson jedenfalls eiferte den großen Automatenbauern nach und verfeinerte seine Fähigkeiten mit jedem Tag.

II.

Es waren erneut unruhige Zeiten in Frankreich. In Marseille wütete 1718 die Pest. Es war Kapitän Jean Baptiste Chataud, der die Quarantänevorschriften der alten Hafenstadt umgangen hatte und sein aus Beirut kommendes Schiff, die Grand-Saint-Antoine, am 25. Mai des Jahres in den Hafen von Marseille gefahren hatte, obwohl einige Passagiere an Bord schon gestorben und andere bereits krank waren. Fast 85 000 Seelen sollen der Pest zum Opfer gefallen sein. In Massengräbern wurden die Leichen bestattet. Geschichten von angeblich lebendig Begrabenen machten die Runde. So sollen die zum Einsammeln der Toten abkommandierten Sträflinge manchen Kranken einfach mit in die Massengräber geworfen haben. Marseille wurde von den überforderten Beamten vollständig abgeriegelt. Im Hospital verhungerten 3000 Waisenkinder elendiglich.

Die Kirchenglocken verstummten, und das öffentliche Leben in der Stadt brach völlig zusammen. In den Gassen der Altstadt spielten sich albtraumartige Szenen ab; Bilder wie aus den Visionen eines Hieronymus Bosch (1450-1516). Überall lagen verwesende und von Hunden angefressene Leichen. Der König schickte den begabten jungen Arzt François Chicogneau (1672-1752) von der Universität Montpellier in die Stadt. Er wurde von den Professoren Verny und Deidier begleitet. Sie versuchten, sich mit einer neuartigen Schutzkleidung aus dickem Ledermantel, breitkrempigem Hut, Lederhandschuhen und einer mit Kräutern gefüllten Schnabelmaske, die Kristallgläser vor den Augenöffnungen hatte, vor der furchtbaren Krankheit zu schützen. Sie betasteten die Kranken mit einem roten Stock. Viel konnte Chicogneau nicht ausrichten, Deidier sezierte die Toten, in der vagen Hoffnung, eine Lösung zu finden. Bei ihrer

Rückkehr nach Montpellier wurden die Mediziner von einer jubelnden Menschenmenge begrüßt. Während eines weiteren Besuches in der verseuchten Stadt machte Chicogneau einen verhängnisvollen Fehler: Er erklärte die Krankheit für nicht ansteckend. Die Pest wütete weiter, schlimmer noch als zuvor. Augenzeugen berichteten bald von überfüllten Massengräbern, in denen halbverweste, aufgetriebene und blau, violett oder gelblich verfärbte Leichen lagen. Aus ihren aufgeplatzten Körpern drang ein entsetzlicher Gestank. In nur einem Jahr verlor Marseille die Hälfte ihrer Bevölkerung: 50 000 sollen in der Stadt der Pest erlegen sein. Die Angst vor dem Tod gewann eine neue Dimension – eine, in der die Religion keinen Trost mehr bot. Es war der Arzt Bertrand aus Marseille, der erstmals vermutete, dass die tödliche Krankheit durch winzige Lebewesen, durch Mikroben, übertragen würde.

Chicogneau blieb jedoch der Held des Tages, wurde zum Mitglied der Académie des Sciences ernannt und als Hofarzt nach Versailles bestellt. Kapitän Chataud hingegen wurde zur Verantwortung gezogen und nach der Verurteilung im berüchtigten Inselgefängnis Château d'If eingekerkert.

Noch ein weiteres Unglück ereilte Frankreich: Das revolutionäre Finanzsystem des Schotten John Law versprach dem überschuldeten, verschwenderischen Hofstaat zunächst Rettung. Durch Kriege und Prunksucht hatte das Königshaus ungeheure Schulden von etwa drei Milliarden Livres angehäuft. Nach dem Tod des Sonnenkönigs im Jahr 1715 sollte ihm sein Urenkel auf den Thron folgen, doch der spätere Louis XV. (1710-1774) war damals gerade fünf Jahre alt. Der Urenkel verließ Versailles in Richtung Vincennes, und mit Zustimmung des Parlaments regierte Philippe II., der Duc d'Orléans (1674-1723), das Land. Der Neffe Louis' XIV. war als Zyniker und Atheist für seine ausschweifenden Orgien, die er nach üppigen Gelagen feierte, bekannt. Seine Begleiter nannte der Regent »die zu Rädernden«, seine Mätresse, die dem Alkohol verfallene Madame de Parabère, bezeichnete er als »kleine schwarze Krähe«. Seine Geliebte Madame de Sabran nannte den Regenten ihren Mastiff. Bei den Adamitenfesten der Geräderten wurden auch die kirchlichen Bußübungen persifliert. Einmal wurde bei einem solchen Gelage die Marquise de Gacé nach der Vorführung eines Salometanzes von dem Trunkenbold ins Vorzimmer zu den Lakaien gestoßen, damit die sich an ihr vergnügten. Die Feste waren üppig und Verschwendung herrschte allerorts. Seiner Mätresse Deschamps schenkte er ein Bidet aus Gold. Als der Duc d'Orléans wieder einmal mit seinem Gefolge ein Bordell in Paris gestürmt hatte, kam es zu einem solchen Aufruhr, dass die Polizei am Platz des Geschehens eintraf, um für Ordnung zu sorgen. Als nun der Polizeikommissar den Regenten erkannte, bat er auf Knien um Vergebung, denn der gute Mann hatte ja nur seine Pflicht erfüllen wollen. Der Regent in Feierlaune zeigte sich gnädig und gewährte Milde – unter der Bedingung, dass der Kommissar und seine Gehilfen den Freudenmädchen den nackten Hintern küssen würden.

Der Finanzkrise im Land wurde der Regent jedoch nicht Herr. Seine Versuche zu sparen waren lächerlich: er glaubte den bankrotten Haushalt zu sanieren, indem er 400 Hofgärtner und 1200 Soldaten der Gardes du Corps entließ. In diesem Moment betrat der Schotte John Law (1671-1729) die Bühne Frankreichs. Er war groß, breitschultrig und gut aussehend. Charismatisch und selbstbewusst versprach er Frankreich Wohlstand und Reichtum. Der Bankiersohn hatte im Duell einen Mann getötet, war aus dem Gefängnis geflohen und reiste seit Jahren von Hof zu Hof in Europa. Law gründete 1716 eine Aktienbank in Paris, die Banque Générale, und kurz darauf noch die Compagnie d'Occident, welche die Bodenschätze Louisianas ausbeuten sollte. Damit wollte Law den französischen Staatshaushalt sanieren. Das Parlament war skeptisch, wollte das Vorhaben des Regenten und seines Bankiers verhindern.

Der Duc d'Orléans verbannte die aufmüpfigen Politiker nach Pontoise und gab dadurch Law freie Hand. 1718 wurde aus der privaten Aktienbank eine königliche Staatsbank, die Banque Royale. Die bisherigen Ost- und Westindischen Kompanien wurden mit der Compagnie d'Occident zur Compagnie Perpétuelle des Indes fusioniert.

Die neue Gesellschaft besaß schließlich die Tabakpacht der Kolonien und die Steuerpacht in Frankreich für die nächsten neun Jahre. Anschließend wollte Law das Unternehmen mit der Staatsbank zusammenführen. Damit hätte ein Großteil der Staatsfinanzen in Händen von Laws Firmenimperium gelegen. Law ließ bis zu 3000 Menschen mit Schaufeln und Hacken ausgerüstet durch die Straßen von Paris marschieren und verbreitete die Nachricht, dass es sich bei ihnen um Auswanderer nach Louisiana handeln würde. Durch diese ständigen Winkelzüge sowie die Emission laufend neuer Papiere schossen die Kurse der Aktien bei den Händlern rund um den Sitz der Banque Royale an der Rue Quincampoix in kurzer Zeit von anfänglich 500 auf bis zu 18 000 Livres. 530 000 Menschen, also weit mehr als Paris an Einwohnern zählte, sollen in die Metropole gekommen sein, um sich am Aktienhandel zu beteiligen. Auch adelige Damen wollten sich an der Spekulation beteiligen und ersuchten um eine Audienz bei Law. Der lehnte aber ab, weil ihn ein natürliches Bedürfnis drängte. Das schreckte die Damen aber nicht ab – sie blieben bei Law, während dieser sein Wasser ließ, und stellte ihre Fragen. Der Sturm auf die Aktien hatte seinen Höhepunkt erreicht.

In der Rue de Quincampoix spielten sich unglaubliche Szenen ab. Jeden Tag versammelte sich eine Menschenmenge, um Aktien zu handeln. Mitten unter ihnen war Bombario, ein kleinwüchsiger Mann mit Brille und Bauchladen, auf dessen Front sein Name angeschrieben war. Er verkaufte Papier, auf dem seine Laufkundschaft ihre Kauf- und Verkaufsaufträge für Laws

Aktien niederschreiben konnte. Den Käufern bot er seinen Rücken als Schreibpult an und während er sich vornüberbeugte, hielt er mit der einen seinen Bauchladen fest und mit der anderen Hand das Tintenfass, so dass seine Kunden fleißig neue Aktien zeichnen konnten. Auf diese Weise verdiente Bombario bis zu 150 000 Livres pro Tag.

Die Staatsschulden sanken in kurzer Zeit um ein Drittel. Law krempelte im Alleingang die gesamte Wirtschaft des Königreiches um, schuf zahlreiche Ämter und Steuern ab. Erstmals verlagerte sich ein wichtiger Teil staatlicher Macht in private Hände, das war revolutionär. Plötzlich schlug die Stimmung um. Der neue Reichtum einiger Aktionäre löste Gier und Neid aus, Überfälle häuften sich. Im vornehmen Restaurant L'Epée de Bois beraubten am 22. Februar 1720 der Graf Horn (1698-1720), sein Kumpan de Mille und ein Helfershelfer den Aktienhändler Lacroix bei einem fingierten Aktiengeschäft. Mit zehn Dolchstichen streckten sie ihr wehrloses Opfer nieder. Der Gastwirt wollte die Flucht der adeligen Mörder verhindern. Im Gerangel entkam einer der Täter und Horn versuchte sich mit einem Sprung durchs Fenster zu retten, doch er wurde gefasst und mit de Mille zum Tod durch das Rad verurteilt – ungeachtet ihres Adels-Standes. Horn stammte aus den Niederlanden und galt als Spieler und Raufbold, so blieb die Intervention seiner Familie erfolglos. Die gierige Menge starrte fasziniert und unter Gesängen auf das Schauspiel, als den beiden Grafen auf der Place de Grève am 26. März vom Henker eine Stunde lang sämtliche Knochen zermalmt wurden, bis der Tod um 16 Uhr eintrat.

Am 22. Mai 1720 beschloss der Staatsrat, den Aktienkurs der Compagnie Perpétuelle des Indes auf maximal 4500 Livres zu beschränken. Im ganzen Land drohten daraufhin Aufstände, die Leute fühlten sich betrogen. Fünf Tage später wurde der Beschluss zurückgenommen.

Die Menschen blieben trotzdem verunsichert. Als zwei Mitglieder des Königshauses ihre Bankanteile in Gold- und Silbermünzen tauschen wollten, wurden die Händler nervös. Der König befahl, alles Geld, Gold und Silber gegen die ausgegebenen Billets (Aktien) zu einem Wechselkurs von 500 Livres zu tauschen. Es kam zu einem Run auf die Banque Royale, weil jeder Aktionär versuchte, sein Geld zu retten. Man transportierte das Geld der Banque Royale vom Palais Mazarin in der Rue Vivienne zum Place Vendôme, der Tag und Nacht von einer Menschenmenge in Panik bevölkert war. Doch bald war das Geld aus dem Staatsschatz aufgebraucht. Dann kamen auch noch schlechte Meldungen aus Louisiana: Die Gewinne mit Tabak und Bodenschätzen schienen lange nicht so hoch, wie Law es versprochen hatte. Der von Law als Chefingenieur eingesetzte Pierre Le Blonde de la Tour († 1723 ?) konnte 1719 schließlich nur mit einem kleinen Häuflein von Auswanderern in La Rochelle mit Ziel Louisiana in See stechen. Von Laws Menschenmassen, die mit Schaufeln durch Paris gezogen waren, war nichts mehr zu sehen. Unter den Händlern brach eine Massenhysterie aus, der Geräuschpegel an der Rue Quincampoix, wo sie sich jeden Tag trafen, stieg rapide an. Immer mehr Händler verkauften ihre Aktien. Law sah sich gezwungen, die emittierten Papiere um die Hälfte abzuwerten. In wenigen Tagen fiel der Kurs der Aktien um fast drei Viertel. Die Panik brach vollends aus, als beim Sturm auf die Banque Royale im Palais Mazarin ein Dutzend Menschen zu Tode getrampelt wurde. Der wütende Mob stürmte bald das Palais-Royal, attackierte Laws Frau mit Steinwürfen. Auch Laws Haus blieb nicht von Angriffen verschont; schließlich wurde auch seine Kutsche zertrümmert. Law musste handeln. Vor der Banque Royale wurde ein 5,8 m langer und 2,5 m breiter Metallkäfig aufgebaut, in dem Banknoten im Wert von 700 Millionen Livres verbrannt wurden, um den Kurs der Papiere zu stützen.

Doch diese Aktion half nichts mehr. Am 10. Oktober 1720 schloss die Bank endgültig ihre Tore. Die Nachricht verbreitete sich schnell auch in den Niederlanden. In einem Amsterdamer Kaffeehaus in der Kalverstraat berieten die Aktienhändler die ganze Nacht, was nun geschehen solle. Derweil versammelte sich eine wütende Menschenmenge vor dem Rathaus. Von dort zog der Mob zur Versammlung der Aktienhändler und begann die ehrwürdigen Börsianer zu beschimpfen. Bald kam es zu Handgreiflichkeiten. Hüte und Perücken wurden von den Köpfen gerissen. Steine flogen gegen das Kaffeehaus, bis alle Scheiben zu Bruch gegangen waren. Dann griffen Nachtwache und Bürgerschaft in den Tumult ein, der bis nach Mitternacht dauerte. Der Magistrat setzte kurz darauf eine Belohnung für die Ergreifung der Übeltäter aus, ohne Erfolg. Der Aktienhandel in Amsterdam reduzierte sich deutlich. Noch schlimmer war es natürlich in Paris. Der Handel in der Rue Quincampoix wurde per 27. Oktober unter Androhung von Gefängnis verboten. Eine finanzielle Katastrophe für alle, die ihre Papiere zu spät verkauften. Am 28. Oktober versammelte sich eine Menschenmenge vor der Börse, erfolglos. Einen Tag später werden sie von der Wache vertrieben. Der Verzweiflung greift um sich. Die Sängerin Mazé soll sich geschminkt und fein gekleidet aus Kummer über den Verlust ihres Geldes am helllichten Tag in der Seine ertränkt haben.

Als durchsickert, dass sich viele reiche Aktionäre ins Ausland abgesetzt haben, verbietet der König unter Androhung der Todesstrafe die Ausreise bis zum 1. Januar 1721.

In Paris machte sich die Wut der Aktionäre in blutigen Straßenschlachten Luft. Im Gedränge vor der geschlossenen Bank fanden fünf Menschen den Tod, die in einem gewaltigen Leichenzug durch die Rue Vivienne getragen wurden. Selbst vor dem Louvre versammelte sich eine wütende Menschenmenge. Marschall Villeroi konnte die Situation beruhigen, indem er

100 Livres unter den Demonstranten verteilen ließ. Der Mob umstellte auch das Palais Royal des Regenten und drohte mit dessen Erstürmung, bevor sich die Menge Laws Haus zuwandte und dort mit Steinen sämtliche Scheiben einwarf.

Law musste Paris am 14. Dezember 1720 verlassen. Vom Regenten soll er sich mit den Worten »Monseigneur, ich habe große Fehler gemacht, weil ich Mensch bin, aber Sie werden weder Bosheit noch Schurkerei in meinem Verhalten finden«, verabschiedet haben. Er floh zunächst nach Brüssel. Er hatte Frankreich mit einem Vermögen von über 100 000 Pfund betreten, wurde zum reichsten Mann Europas und floh nun mit nur 800 Louis d'or in einer geliehenen Kutsche. Seine Frau blieb in Paris zurück, sie wollte alle Schulden bezahlen und lebte fortan unter dem Schutze des Duc de Vendôme. Sein Bruder wurde enteignet und in der Bastille festgesetzt. Law schlug sich nach England durch, blieb dort bis 1724. Er zog weiter nach Venedig, wo er als Spieler lebte und verarmt am 21. März 1729 verstarb. »Wo ist Law?« wurde zur geläufigen Scherzfrage in den Salons von Paris. 1721 und 1722 kümmerten sich die Rivalen von Law, die Brüder Pâris, um die Liquidation dessen, was von Laws System geblieben ist. Die Generalpächter hatten von Anfang an versucht, das System Laws zu boykottieren. Nun fühlten sie sich als Sieger.

Fast gleichzeitig mit dem Scheitern von Law platzte in England auch die Spekulationsblase um die von John Blunt initiierte South Sea Company. Zu den Investoren, die Geld mit der Spekulation verdienten, gehörte der Buchhändler Thomas Guy (1643-1724), der für seinen krankhaften Geiz bekannt war. Als er eines Abends Besuch von Vulture Hopkins erhielt, der wissen wollte, wie Guy in seiner Sparsamkeit lebte, blies Guy die einzige Kerze im Raum aus – man könne sich darüber auch im Dunklen unterhalten.

Zu den Unternehmen, die damals in London um die Gunst der Anleger buhlten, gehörte auch eine dubiose Firma, die ein Perpetuum Mobile vermarkten wollte. Zu den Protagonisten solcher Apparaturen gehörte Johann Ernst Bessler (1680-1754), der sich durch eine Verschiebung der Buchstaben seines Nachnamens Orffyre nannte. 1712 stellte er in Gera erstmals ein sich scheinbar selbst drehendes Rad vor. Er zog in den nächsten Jahren damit über Draschwitz nach Merseburg und landete 1716 am Hof des Prinzen von Hessen-Kassel. Selbst Gottfried Wilhelm von Leibniz (1646-1716) bestaunte ganz unkritisch das Rad. Auf Schloss Weißenstein baute Bessler ein neues vermeintlich selbst drehendes Rad, mit einem Halbmesser von zwei Metern. 1727 verriet Besslers Bedienstete, Anne Mauersbergerin, den Betrug hinter dem geheimnisvollen Apparat, der sich stundenlang konstant drehte – sie war es nämlich, die oft genug über eine verborgene Kurbel das Rad in Bewegung hielt. Bessler starb beim Sturz von einer Mühle, die er in Fürstenberg für Herzog Karl I. von Braunschweig-Wolfenbüttel (1713-1780) baute.

Der Baumeister Andreas Schlüter (1664-1714) versuchte 1713 am Zarenhof, ein Perpetuum Mobile zu konstruieren. Erst 1795 lehnte die Académie die Annahme neuer Vorschläge zur Konstruktion von Perpetua Mobilia ab. Die Vermarktung einer solchen Maschine war an der Börse von London jedenfalls erfolglos. Die Idee eines ewig währenden perfekten Bewegungssystems erwies sich als genauso falsch wie das System Laws; beide mussten scheitern.

Die Konsequenzen von Laws Debakel waren weitreichend. Er hatte innerhalb weniger Jahre das gesamte Wirtschaftssystem Frankreichs tiefgreifend verändert, viele Steuern und Ämter abgeschafft und auch das Bankwesen modernisiert. Der Begriff des Systems etablierte sich ebenso wie die von Law propagierte

Papierwährung. Auch der moderne Börsenhandel war durch den Rückschlag nicht mehr aufzuhalten. Selbst auf die Intellektuellen hatte Laws Versagen Einfluss. Sie wurden skeptischer, kritischer und dachten neuerdings in viel komplexeren Zusammenhängen über Mensch und Gesellschaft nach. Der notorische Spieler und Duellant Law war damit auch ein Vater der Aufklärung. Sein System warf zunächst Fragen zur Ökonomie des Landes auf und veranlasste zum Nachdenken über die herrschenden Verhältnisse. Laws System gab den Beteiligten das Gefühl, aus der Unmündigkeit hervortreten und gesellschaftlichen Einfluss nehmen zu können. Law bewies, dass systematische Experimente der Wahrheitsfindung dienen und öffnete der Wissenschaft dadurch neue Wege. Vernunft und Kritik sollten so einen neuen Stellenwert im gesellschaftlichen Denken bekommen.

III.

Kurze Zeit nach der Flucht Laws aus Frankreich, nämlich im Dezember 1720, wütete in Rennes ein fürchterliches Feuer sechs Tage und sechs Nächte und zerstörte beinahe die gesamte Innenstadt. Wenige Monate nach diesen dramatischen Ereignissen kehrte Jacques Vaucanson zu den Jesuiten nach Grenoble zurück. Überall schienen Gefahren zu drohen. Man kehrt gern dahin zurück, wo man sich sicher fühlt.

Die Menschen erzählten sich damals, dass in Paris der gefürchtete 28-jährige Straßenräuber Louis Dominique Cartouche nach waghalsiger Flucht in der Conciergerie als Gefangener saß. Cartouche soll als Kind von Fahrenden entführt worden sein, wurde Soldat und schließlich Bandenchef. Nun folterte man ihn mit spanischen Stiefeln, die seine Knochen zerquetschten, und am 27. November 1721 wurde er durch das Rad hingerichtet. Auch diese Exekution sollte nach den Krisen der letzten Jahre wieder ein kollektives Sicherheitsgefühl herstellen. Zahlreiche Theaterstücke und Gedichte kursierten bald über Cartouches Abenteuer, etwa wie er einmal der Verhaftung durch die geschickte Flucht durch einen Kamin entkam. Jacques blieb in dieser Zeit jedenfalls bei den Jesuiten, bis er 14 Jahre alt war und die Schule beendete. Dann kehrte er Grenoble den Rücken. 1725 treffen wir ihn im pulsierenden Lyon mit seinen großen Plätzen und engen Gassen an. Er lebt dort zunächst als Novize beim Bettelorden der vom wundertätigen François de Paule (1416-1507) gegründeten Minimen. Was bleibt dem begabten Spross der kinderreichen Witwe, außer einer Karriere beim Klerus? Es war wieder ein Hungerjahr, in Paris drohte ein Aufstand der unterernährten Massen. Der Klerus reagierte: In einer Prozession wurde der Schrein der heiligen Genoveva, der Schutzheiligen von Paris, durch die Straßen getragen. Das

Schauspiel ermüdete das hungernde Volk, die Gefahr wüster Ausschreitungen war gebannt.

Vaucanson steht in Lyon zunächst unter dem Schutz des Großvikars, Emmanuel-Henri de Cossé, der kurze Zeit später bei Hofe Karriere machen sollte. Diese Protektion war auch nötig, denn es kam zum Skandal, als Jacques eines Tages seine fliegenden mechanischen Engel einer genauso bigotten wie verblüfften Öffentlichkeit präsentierte. Es handelte sich bei der Konstruktion wohl um eine kleine Automatenlandschaft, wie sie häufig in den Kunstkammern weltlicher Herren anzutreffen war. Was nun geschah, ist nicht mehr genau zu rekonstruieren, denn die Biographen widersprechen sich. Es sei also dahingestellt, ob tatsächlich ein hoher kirchlicher Würdenträger bei seinem Besuch im Kloster so erbost über die blasphemischen Automaten war, dass er Vaucansons Werkstatt zerstören ließ und dieser darauf nach Grenoble floh, um sich dort weinend seinem Bruder, dem Abbé Jean Vaucanson, zu Füßen zu werfen. Wenn es stimmt, so war dies wohl einer der wenigen Momente in Jacques' Leben, in denen er seine Fassung verlor. Wir müssen uns Vaucanson als ruhigen und überlegten Mann mit sehr scharfen Augen, die genau beobachteten und analysierten, vorstellen. Seine Hände müssen sensibel und doch sehr kräftig gewesen sein. Feuchte Handflächen oder ein Zittern der Finger kannte er nicht. Doch in diesem Moment galt das alles nicht. Sein Bruder Jean soll ihm geraten haben, eine schwere unbekannte Krankheit vorzutäuschen, um das Kloster zu verlassen. Tatsache ist, dass sich Vaucanson 1727 wieder im Laienstand befindet. Er baut trotz des Endes seiner klerikalen Karriere unverdrossen fleißig immer neue Automaten. Zum ersten Mal kann er ungehindert in Lyon die Reichtümer der Stadt erleben. Er streift durch die Gassen der Altstadt, die sich steil den Berg hinaufziehen, oder er erkundet die Traboules genannten überdachten labyrinthischen Durch- und Verbindungsgänge zwischen Altstadt und Fluss. In diesem

Gewirr aus schmalen, dunklen Gängen und hellen Innenhöfen wurden die per Schiff gelieferten Seidenballen vor Wind und Wetter geschützt zwischengelagert. Hier an der Nahtstelle zwischen Nord und Süd denkt Vaucanson wie besessen über neue mechanische Vorrichtungen nach, plant schließlich eine Maschine zur Verbesserung der Wasserversorgung von Lyon. Die Großstadt war auf Brunnen und das trübe Wasser der Rhône und Saône angewiesen. Typhus und Cholera waren eine latente Gefahr. Vaucanson studierte nun alle Bücher über hydraulische Maschinen, deren er habhaft werden konnte. War ihm dabei das 1615 erschienene Werk »Von gewaltsamen Bewegungen« des Salomon de Caus (1576-1626), des Architekten der Wasserspiele im Schlossgarten von Heidelberg, in die Hände gekommen? Der hatte nämlich einen mit Wasserkraft angetriebenen Automaten gebaut, bei dem ein Zyklop in einer Grotte auf einem Felsen sitzend die Pan-Flöte spielte, bevor er Springbrunnen für Paris plante. Auch in den Gärten des Vatikans soll es eine Grotte mit einem mechanischen Pan-Flötenspieler gegeben haben. Oder hatte Vaucanson von den kunstvollen Springbrunnen des Mechanikers Littich gehört, die dieser 1613 im Schloss von Hellbrunn bei Salzburg angelegt hatte und in die Lorenz Rosenegge aus Nürnberg ab 1725 ein Figurentheater einbaute, bei dem 199 der 256 Figuren von einer einzigen Wasserturbine angetrieben wurden?

Zuletzt entwarf Vaucanson jedenfalls eine Wasserhebe-Maschine, die jener glich, die der Mechaniker Lintaler bereits 1608 in Paris gebaut hatte. Diese berühmte Machine de la Samaritaine pumpte bis 1813 – also rund zweihundert Jahre – das Wasser der Seine an der Pont-Neuf in ein primitives Leitungssystem, das die noblen Quartiere um den Louvre mit Wasser versorgte.

Jacques Vaucanson genoss das zölibatfreie Leben in vollen Zügen, denn er lebte in Lyon längere Zeit mit zwei Frauen zusammen. Eine von ihnen soll seine spätere Frau gewesen sein:

Madeleine Rey, die Tochter eines Seilers. Es folgte eine unruhige Zeit im Leben Vaucansons, über die nur wenig bekannt ist: Jacques reiste im Land umher, studierte die sich ausbreitenden Manufakturen zwischen Lyon und Paris. Irgendwann im Jahre 1728 kam er in der Metropole an.

IV.

Paris war ein Moloch, eine halbe Million Menschen lebten hier. Prunk und Elend waren untrennbar ineinander verwoben. Die Häuser abseits der prunkvollen Plätze bildeten ein enges Labyrinth aus verwinkelten Gassen. Banden von Bettlern streiften dort ruhelos umher; es gab Tausende von ihnen und ihre Zahl wuchs ständig. Die mit Häusern überbauten Seine-Brücken bildeten Schluchten aus Stein, die den Blick auf das im Sommer oft stinkende Wasser versperrten. Tausende Gerüche wechselten einander ab, Menschen drängten sich zwischen Zugtieren und überladenen Fuhrwerken. Händler priesen lautstark ihre Waren an. Rempeleien, Prügeleien, Unrat, Dreck, kläffende Hunde allerorten. Stinkende Tümpel, wo man hinsah. Hin und wieder ein verendetes Tier. Jeder Schritt wurde zum Wagnis. Der Rauch Tausender Feuerstellen lastete oft schwer über der Stadt. Nur die Kirchturmspitzen der Quartiere bildeten in diesem Gewirr Orientierungsmarken. Des Nachts tauchte das Licht Tausender Straßenlaternen die schmutzigen Gassen in ein schummriges Licht, in dem sich die scheuen Kreaturen der Nacht hin und wieder zeigten. Prunkvoll und elegant hingegen erstrahlten die Roben der Besucher im grellen Licht der Theaterlampen. Paris war das neue Babylon, dekadent, euphorisch, apokalyptisch. Immer wieder kam es zu Exzessen, Betrunkene rauften in finsteren Kneipen und lagen anschließend reglos in der Gosse. In den großen Cafés debattierten die Gelehrten über die politische Lage und gerieten hitzig aneinander. Der Staat konnte nur mit Mühe die öffentliche Ordnung aufrechterhalten. Neue Ideen und finsterer Aberglaube bildeten ein pulsierendes Gemisch. Im Friedhof von Saint-Médard feierten die letzten Jansenisten – die Anhänger des von C. Jansenius (1585-1638) gegründeten Ordens, in den

Blaise Pascal (1623-1662) einst eingetreten war – orgiastische Feste. Auf dem Grab des asketischen Armendiakons François de Pâris, der 1727 völlig verwahrlost im Asyl gestorben war, spielten sich Spektakel der Massenhysterie ab. François de Pâris schlief stets ohne Decken auf dem nackten Fußboden und ernährte sich streng vegetarisch. Schon zu Lebzeiten galt der überzeugte Jansenist als Heiliger. Seine verblendeten Anhänger, die sich selbst kasteiten, erlebten himmlische Visionen. Die Wunder der Äbtissin Mater Agnès Arnauld waren den Anhängern noch wohlbekannt. Wurde nicht Cathérine de Saint-Suzanne, die Tochter des Hofmalers Philippe de Champaigne (1602-1674), von ihrer Lähmung geheilt, nachdem Mater Agnès die neun Tage der Novene mit ihr gebetet und den Sarg des Armendiakons berührt hatte? Bald kursierten Bilder, auf denen die Frauen abgebildet waren, die auf wundersame Weise am Grab des Paters de Pâris geheilt worden waren. So etwa die zuvor noch krebskranke La Demoiselle Coirin oder Marie Carteri, die von ihren Schmerzen befreit wurde. Auf dem Grab des Volksheiligen erlebten die Anhänger konvulsivische Zuckungen und hysterische Anfälle. Unterstützt wurden die meist weiblichen Gläubigen durch Helfer, die Secours. Die Hilfestellungen waren durchweg brutal, sie bestanden aus Schlägen und Zerren verschiedener Körperteile bis hin zu Würgen. Das wilde Treiben auf dem Friedhof schürte Misstrauen und Zorn der den Jansenisten feindlich gesinnten Jesuiten; dabei hatten die doch schon Jahre zuvor erreicht, dass die letzten 20 Nonnen des Klosters Port-Royal-des-Champs abgeführt und mit verdunkelten Karossen aus der Stadt gefahren wurden. Nachdem man die Leichen des Klosterfriedhofes exhumiert und umgebettet hatte, wurden die Klostermauern geschleift und das Gelände umgepflügt. Nun drängten die Jesuiten den König, den Friedhof Saint-Médard zu schließen, doch der zögerte zunächst, bis man ihm einredete, man müsse die Sektierer »fangen wie Fliegen im

Netz«[2]. Ein jansenistischer Kanonikus wurde in Douai von den Jesuiten mit dem Gesicht nach unten und den Füßen zur Kirche begraben, weil er dem Unglauben nicht abschwören wollte. Dies war eine schwere Strafe über den Tod hinaus, da Ordensleute sonst möglichst nah »ad sanctos« beerdigt wurden. Trotz des Drucks durch die Jesuiten und den König verzögerte das Parlament seine Zustimmung zur päpstlichen Bulle Unigenitus gegen die Sektierer und die Jansenisten trafen sich weiterhin heimlich im Untergrund. Der Streit um die Jansenisten führte zu verbreiteten Diskussionen über die christliche Religion. Das Volk wollte nicht verstehen, dass der Armendiakon de Pâris nicht gottgefällig gehandelt habe. Bald schon sollten auch die Philosophen in den Salons das gesamte Glaubensgebäude der Kirche infrage stellen. Die Anhänger der Jansenisten ließen sich davon nicht beeindrucken. Jahrzehntelang noch kursierten Berichte von grausamen Ritualen, sadistischen Praktiken und der heimlichen Kreuzigung von Frauen in Lyon.

Die Stimmung im Volk war schlecht – der revolutionäre Geist gärte. Wie in einer düsteren Vorahnung der kommenden Ereignisse hatte schon Leibniz vor der drohenden großen Revolution in Europa gewarnt. Nur wenige nahmen diese Mahnung ernst.

In dieses spannungsgeladene Paris kam der nun 19-jährige Vaucanson. Ohne Protektion war es fast unmöglich, sich in der Metropole zu behaupten. Er fand seinen Gönner in dem Steuereintreiber und Finanzier Samuel Bernard (1651-1739), der ihn bei seinen Studien der Anatomie und Physik unterstützt haben soll. Samuel Bernard war eine schillernde Gestalt. Weilte er nicht auf seinem Schloss bei Coubert, dann residierte er im Hôtel Place des Victoires. Der nach seiner Hochzeit mit Anne-Madeleine Clergean zum Calvinismus konvertierte Jude hatte

---

2 Von Gleichen-Russwurm, Alexander: Kultur und Sittengeschichte; Barock. S. 433

gute Kontakte nach Lyon und zu den Bankiers in Genf. 1701 war er an der Compagnie de Guinée beteiligt. Er stieg schnell zum offiziellen Darlehensgeber der Regierung Louis' XIV. auf. Der König hatte ihm einmal bei einem Spaziergang in den Gärten Marlys so geschmeichelt, dass Bernard trotz anfänglicher Weigerung den Geldforderungen des Sonnenkönigs nicht widerstehen konnte – oder wollte. Einmal beschaffte er innerhalb von nur 24 Stunden die gewaltige Summe von 7 000 000 Livres d'Or sowie zehn Millionen in Silber für die Wahl des Prinzen Conti auf den polnischen Thron. Doch die kometenhafte Karriere Bernards erlitt 1709 einen Rückschlag. Als es um die Abrechnung einer großen Messe in Lyon ging, akzeptierte Bernards langjähriger Geschäftspartner in Lyon dessen Wechsel über 30 Millionen Livres nicht. Bernard war zahlungsunfähig, weil der König seine Schulden bei ihm nicht beglichen hatte. An der Börse von Lyon brach Panik aus. So leicht ließ sich Bernard aber nicht aus der Ruhe bringen. Er verhandelte hart und zäh, bis er den Liquiditätsengpass überwunden hatte. Bereits 1715 konnte er dem jungen verschwenderischen Louis XV. wieder mit der stolzen Summe von sechs Millionen Livres unter die Arme greifen. Sein Vermögen soll bis zu 33 Millionen Livres betragen haben.

Bernards Tochter galt in ganz Paris natürlich als gute Partie. Nach der Heirat sollte sie als Madame Dupin einen der einflussreichsten Salons der Metropole führen. Ihr Mann Claude Dupin (1700-1769) machte sich als früher Physiokrat und Autor einen Namen. Zentrale Figur im Kreis der Physiokraten war François Quesnay (1694-1774). Aufgewachsen auf einem Landgut, hatte er in Paris Medizin studiert. Als Hofarzt von Louis XV. gründete er die Gruppe der Économistes als eine Art Sekte. Quesnay berief sich auf ein Naturrecht und setzte sich für ein utopistisches Wirtschaftssystem ein, das auf bäuerlichen Gemeinschaften, die von Patriarchen gelenkt wurden, beruhte – eben so, wie er sie von seiner Kindheit her kannte.

In Madame Dupins Salon im Hôtel Lambert auf der Seine-Insel Saint Louis trafen sich bald wöchentlich bedeutende Persönlichkeiten wie der Schriftsteller und Enzyclopädist Marmontel (1723-1799), der Philosoph d'Holbach (1723-1789) und einige Jahre später auch der Diplomat und Publizist Friedrich Melchior Grimm (1723-1807). Madame Dupins Stiefsohn, Louis-Claude Dupin de Franceuil, sollte ab 1741 mit Jean Jacques Rousseau (1712-1778), einem Uhrmachersohn aus Genf, das Theater besuchen und über Rousseau Kontakt zu Denis Diderot (1713-1784) pflegen. Solche Salons waren damals noch etwas Neues, doch mit schöner Regelmäßigkeit trafen sich bald immer mehr Intellektuelle, weil sich dort die Möglichkeit der unbeobachteten Diskussion auch über brisante Themen ergab. Es waren die neuen bequemen Sitzmöbel und die in Serie gefertigten Spiegel, die das Licht der Kerzen so verstärkten, daß nun endlich eine Wohnraumatmosphäre entstand, die zur Diskussion bei einer Tasse anregendem Kaffee inspirierte. Das Zweckmäßige des Raumes wurde im Salon dadurch zurückgedrängt und neuer Freiraum für kreative Gedanken geschaffen. In diesem Umfeld sollten aufklärerische und revolutionäre Gedanken blühen.

In Samuel Bernard hatte Vaucanson einen genau diesem aufklärerischen Zeitgeist verschriebenen Mäzen gefunden, der dem hoffnungsvollen jungen Mann aus der Provinz den Weg in die Salons von Paris und zu den führenden intellektuellen Kreisen seiner Zeit ebnen konnte. Möglicherweise besuchte Jacques medizinische Vorlesungen im Jardin du Roi. Dieser königliche Garten beherbergte in zwei riesigen Sälen naturwissenschaftliche Kuriositäten, die französische Expeditionen aus allen Winkeln der Welt zusammengetragen hatten. Die Sammlungen wurden durch eine große Bibliothek ergänzt, in denen sich wohl auch die vielfältigen naturwissenschaftlichen Schriften des universell gelehrten René-Antoine Seigneur de Réaumur (1683-1757) fanden, der technisches und biologisches Wissen in sich vereinte.

Hier hielt der eloquente und charmante Joseph-Guichard du Verney (1648-1730) seine Vorlesungen zur Anatomie. Die feinen Damen liebten den Hofarzt, seine Studenten verehrten ihn. Die Trauer war groß bei seinem Tod 1730.

V.

Wir wissen fast nichts über die drei Jahre, die Jacques Vaucanson bis 1731 in Paris verbrachte. Frankreich erlebte eine recht ruhige Zeit, das Ancien Régime steuerte auf den Höhepunkt seiner dekadenten Prunksucht zu. Vaucanson verließ auf Anraten seines Cousins Gilbert, einem Benediktiner, die brodelnde und ausschweifende Metropole. Es heißt, sein Onkel habe ihn für verrückt erklären lassen wollen. Hatte der von den Plänen Vaucansons gehört, einen menschenähnlichen Automaten bauen zu wollen? Jacques folgte jedenfalls dem Lauf der Seine stromabwärts und ließ sich im bürgerlichen Rouen nieder. Hier im Schatten der mächtigen Kathedrale lag das Hôtel Dieu, das Armenhospiz, in dem Claude-Nicolas Cat († 1768) als Chefchirurg tätig war. Le Cat, wie er genannt wurde, interessierte sich vor allem für den menschlichen Blutkreislauf – die Entdeckung dieses Systems durch William Harvey (1569-1658) faszinierte immer noch die Wissenschaftler der Epoche. Auch Vaucanson wurde von dieser nicht nur für die Medizin revolutionären Entdeckung inspiriert. Er plante, einen Automaten zu bauen, der die Zirkulation des Blutes im Menschen simulieren sollte. In Rouen nun traf er mit Le Cat zusammen, und hier entstand wohl auch sein erster Menschenautomat. Etliche Metallfedern und Zahnräder setzten einen komplizierten Mechanismus in Gang und erweckten den Kunstmenschen scheinbar zum Leben. Üppige Gewänder verbargen den Mechanismus und gaben den ruckartigen Bewegungen etwas Geschmeidiges. Vaucanson war es gelungen, die Automatenmenschen der prächtigen öffentlichen Uhren zu miniaturisieren und neue Bewegungsabläufe für sie zu entwickeln. Bald präsentierte Vaucanson seine Erfindung auf den Plätzen Rouens einer staunenden Menge. Das war in dieser Stadt vielleicht das erregendste Ereignis seit der Verbrennung Jeanne d'Arcs (1410?-1431) rund 300 Jahre zuvor. Die Nachricht von der neuen Attraktion verbreitete sich rasch. Als die Neugier der Zuschauer nachließ, reiste Vaucanson ab. Er ließ die Normandie hinter sich und zog ins bretonische Rennes. Hier, fernab von Paris, hatten die Leute noch nie dergleichen gesehen – ein künstlicher Mensch, war das Zauberei? Ein Eingriff in den göttlichen Schöpfungsplan? War das Teufelswerk? Wie sollte man das Monstrum nennen? Die Gelehrten griffen auf das Griechische zurück: Android – wie ein Mensch. Schon in der Hochblüte der Reformation hatte Hans Bullmann aus Nürnberg um 1535 mit mechanischen Menschenfiguren experimentiert, die Musikinstrumente spielten. Doch kein Automat zuvor war so perfekt wie jener Vaucansons. Unermüdlich hatte Vaucanson inzwischen weitere Automaten für seine Vorführungen gebaut, er war nun Schausteller geworden. Seine Tour führte ihn von Rennes über Angers, den Lauf der Loire flussaufwärts nach Tours, wo er zu Beginn des Jahres 1733 eintraf.

Die Vorführungen auf den Plätzen und Märkten hatten allerorts großen Zulauf. Die rätselhaften Bewegungen der Automaten faszinierten die Menschen in der Provinz. War das Hexerei? Atmete die Maschine? Lebte die Figur? Die Zuschauer waren begeistert. Unter ihnen befand sich Jean Colvée. Colvée war eine vielseitige Persönlichkeit; zum einen Wissenschaftler, zum anderen kirchlich engagiert, trat er gern als Wohltäter oder Geschäftsmann auf. Der 37-Jährige suchte die Bekanntschaft des gerade 24-jährigen Vaucanson und schlug ihm ein Geschäft vor. Jacques sollte für die Summe von 2400 Livres eine neue, schönere und größere Maschine bauen. Dafür wollte Colvée an den Einnahmen beteiligt werden. Jacques willigte ein, packte seine Habe und reiste nach Paris zurück, um mit dem Werk zu beginnen.

VI.

Wieder in der Hauptstadt, machte sich Vaucanson an die Arbeit. Er wohnte zunächst in der Rue du Four, nahe dem Markt von St. Germain und der Baustelle der Kirche St. Sulpice. Endlich konnte er auch wieder die neuesten wissenschaftlichen Veröffentlichungen verfolgen und in den »Machines approuvées« der Académie des Sciences über den Vorschlag des wenig bekannten Mechanikers Maillard aus dem Jahr 1733 lesen, einen künstlichen Schwan bauen zu wollen. Der Automat sollte sogar schwimmen können. Angetrieben werden sollte der künstliche Vogel durch seitliche Paddel, ähnlich denen eines Raddampfers. Die empfindliche Mechanik musste also wasserdicht eingebaut werden. Dies stellte eine besondere technische Herausforderung dar. Maillard experimentierte auch mit einem von der antiken Mythologie inspirierten schwimmenden Gondelgespann, welches von einem mechanischen Pferd gezogen werden sollte. Angeblich wurde dieses extravagante Gefährt auf dem großen Kanal im Schlosspark von Versailles getestet. Dieses riesige künstliche Gewässer war Zeuge zahlreicher opulenter Feste und Maillards exotisches Wasserfahrzeug reihte sich dort nahtlos in die Flotte von venezianischen Gondeln, Booten und Barken.

Vaucanson wechselte bald die Wohnung und zog in größere Räume im Hôtel de Longueville an der Rue St. Thomas du Louvre. Hier hatte er wohl den Platz, seine Automaten, mit denen er durch den Westen Frankreichs gezogen war, aufzubauen und auch sein neues Projekt im Auftrag Colvées zu konstruieren. Im gleichen Gebäude befand sich auch die Gesellschaft der Messageries de Versailles, die einen regelmäßigen Kutschendienst zwischen Paris und Versailles eingerichtet hatten. Im Hof des Hôtels herrschte geschäftiges Treiben, ein ständiges Kommen und Gehen wurde von unaufhörlichem Stimmengewirr überlagert. Mitten im Gewimmel schnaubende Pferde, die sich nur widerwillig an riesige Kutschen anspannen ließen. Aus allen Teilen des Königreiches kamen hier Menschen an, mit der Hoffnung auf eine Anstellung am prunkvollen Hof Louis XV. in Versailles; nur wenige gehörten zu den Glücklichen, die in das Heer der 6000 Bediensteten eintreten durften.

Im Hôtel de Longueville logierte auch Giovanni Servandoni (1695-1766), Maler und Architekt des Königs, der damals gerade die Fassade der Kirche St. Sulpice gestaltete. Servandoni hatte sich einen Namen für Theaterdekorationen und Feuerwerksinszenierungen gemacht. Hatten sich Servandoni und unser Mechaniker etwa an der Baustelle der Kirche und damit in der Nähe der alten Wohnung Vaucansons kennengelernt? Und war es vielleicht Servandoni, der ihm die neue Bleibe und auch sonst noch den einen oder anderen Kontakt vermittelte? Diese Fragen werden nie zu klären sein.

Am 30. Oktober jedenfalls hatte Vaucanson seine Räume im Hôtel de Longueville bezogen. Im großen »Salon des quatre Saisons« fand er genügend Licht und Platz für seine diffizile Arbeit. Vaucanson genoss das Großstadtleben in vollen Zügen, und als ihn sein Geschäftspartner Colvée Anfang 1734 in Paris besuchte, stellte sich heraus, dass Jacques mit dem Bau des versprochenen Automaten immer noch nicht begonnen hatte. Im Gegenteil, Vaucanson rechnete ihm vor, dass er nochmals 2400 Livres für den Bau der Maschine benötigen würde. Ein neuer Vertrag wurde aufgesetzt und Colvée zahlte erneut. Als das Geld zur Neige ging, war der Finanzier erneut zur Stelle und streckte weitere 1300 Livres vor. Vaucanson führte jedenfalls von dem Geld zunächst ein angenehmes Leben. Seine Verwandtschaft, die ihn besuchte, überraschte er mit seinen teuren Kleidungsstücken. Er schien es zu etwas gebracht zu haben. Besonders viel Zeit auf seine versprochene Arbeit verwendete der Lebemann zunächst nicht. Trotzdem schien Colvée nie an den Fähigkeiten seines Schützlings zu zweifeln. Er hatte wohl erkannt, dass das Genie Vaucanson seinen eigenen Arbeitsrhythmus hatte, und tatsächlich entstand in dieser Zeit ein neuer Automat, besser und schöner als alle anderen zuvor. Als Vorbild diente ihm eine höfische Marmorstatue.

In den riesigen Parkanlagen des Schlosses von Versailles hatte die Werkstatt des 1720 verstorbenen Bildhauers Antoine Coysevox (1640-1720) im Auftrag Jean-Baptiste Colberts (1619-1683) aus gewaltigen Marmorblöcken etliche Statuen geschaffen. Coysevox begleitete den Sonnenkönig ein Künstlerleben lang mit rund 50 Arbeiten. Im Jahr 1679 ließ Coysevox vor der Fassade des Schlosses in Richtung des Wasserparterre die Figur eines Apollo aufstellen. Es war die wiederentdeckte Antike, die den Herrscher faszinierte. Auch von François Girardon (1628-1715), einem Künstlerkollegen Coysevox', ließ Louis XIV. einen sitzenden Apollo aus Marmor für die Thetis-Grotte im Belvedere schaffen; der König sah sich gar selbst als neuer Gott. Ab 1687 erhielt der in Zürich geborene Johann-Balthasar Keller (1638-1702) den Auftrag, den Apollo von Coysevox und andere vor dem Wasserparterre aufgestellten Statuen im Arsenal von Paris in Bronze zu gießen und mit seinem Stempel »fondu par les Kellers« zu versehen. Es war genau dieser Apollo, der Vaucanson inspirierte: Coysevox' Kunstwerk sollte das Vorbild für seine Automatenfigur werden. Er hatte die Figur des Apollo in Paris gesehen, wo sie inzwischen auf der großen Terrasse der Tuilerien bei der Porte du Manège aufgestellt worden war. Die Kopie der Coysevox-Figur sollte täuschend echt wirken. Vaucansons Apollo saß auf einem Felsen und spielte eine Traversflöte. Im Inneren des Sockels befand sich die komplizierte Anordnung von Hebeln, Seilzügen und Zahnrädern, die nicht nur die Bewegungen des Apollo steuerten, sondern auch eine Vielzahl von Blasebälgen koordinierten. Ob Servandoni seinem Nachbarn

Vaucanson beim künstlerischen Entwurf des Apollo geholfen hatte?

Jacques plante jedenfalls einen hochkomplizierten Mechanismus, der äußerst präzise Arbeit verlangte. Vaucanson musste zunächst die notwendigen Werkzeuge und Maschinen bauen, um die benötigten Teile für den neuen Automaten herzustellen. Im Jahre 1701 hatte sein Landsmann Charles Plumier eine Drehbank zur Metallbearbeitung erfunden; in seinem Buch »L'art de tourner« von 1706 hatte er alle Details seiner Drehbank festgehalten. Vaucanson entwickelte eine Drehmaschine, bei der das Werkteil auf einem beweglichen Schlitten eingespannt wurde, ähnlich jener berühmten Maschine, die der Schmied Henry Maudslay (1771-1831) 1797 konstruieren sollte. Präzisionsteile erforderten zudem genaue Messungen, wie sie vor allem mit der 1720 von George Graham (1673-1751) verbesserten Mikrometerschraube möglich waren. Es waren derartige Instrumente, die Vaucanson benötigt haben wird. Schließlich war nur minimales Spiel der einzelnen Teile erlaubt, damit der Mechanismus wie gewünscht funktionierte. Die Arbeit an dem neuen Automaten erwies sich als überaus schwierig. Im April 1735 musste er sie unterbrechen, weil ihn eine unangenehme Erkrankung ans Bett fesselte. Jacques litt an einer äußerst schmerzhaften Fistel im Gesäßbereich. Oft musste er vor Schmerz seine breiten Kiefer zusammenbeißen. Man konnte nicht viel dagegen tun. Selbst ein kräftig gebauter Mann wie Vaucanson war von der Krankheit schwer gezeichnet. Dank seiner chirurgischen Ausbildung war ihm klar, dass eine teure Operation unumgänglich war; immerhin kannte er die fähigen Mediziner seiner Zeit und war nicht auf die Quacksalber und Bader angewiesen, die auf den großen Plätzen der Städte zur Belustigung des Publikums heikle Operationen zur Schau stellten. Vaucanson überstand die Prozedur des Eingriffs jedenfalls – eine Narkose war unbekannt, stattdessen gab es wohl einen kräftigen Schluck Alkohol und ein Beißholz. Vielleicht verabreichte man dem Patienten auch sogenanntes Dover-Pulver. Der englische Arzt und Navyoffizier Thomas Dover hatte knapp drei Jahre zuvor die sedative Wirkung eines Brechwurzel- und Opiumgemischs entdeckt.

Vaucanson musste nach dieser Operation noch sechzig Tage strenge Diät halten. Er hatte sicher einen guten Arzt gewählt, der ihm schließlich 1200 Livres in Rechnung stellte. Die Heilung dauerte lange und war mühselig, für vier Monate blieb er ans Bett gefesselt. Langsam wurde das Geld knapp und neue Verdienstmöglichkeiten waren vorerst nicht in Sicht. Seine Verwandten ließen ihn im Stich. In dieser schwierigen Zeit soll es gewesen sein, dass Jacques' Diener heimlich den Apollo bediente und tatsächlich, der Android bewegte die Arme, setzte die Traversflöte an die Lippen, seine Finger suchten ihre Position entlang dem modischen Instrument und Apollo begann zu spielen. Der Körper des Automaten bestand aus Holz, die beweglichen Arme aus Karton. Die ebenfalls beweglichen Finger waren wiederum aus Holz gefertigt. Das Flötenspiel des Androiden war gleichsam eine Fanfare des Erfolgs; er funktionierte, die Arbeit hatte sich gelohnt. Die Erleichterung war so enorm, dass Vaucanson und sein Diener sich vor Freude weinend in den Armen lagen. Jacques beschloss, einen neuen Automaten zu bauen, sobald er wieder genesen wäre. Im August 1735 war er zwar wieder arbeitsfähig, doch das erforderliche Geld fehlte. Vaucanson sah sich nach einem neuen Sponsor um und fand ihn in Jean Marguin. Der wohnte im Bezirk von St. Sulpice am Quai Malaquais im Hôtel de Grammont, welches einen Teil eines größeren Gebäudekomplexes am heutigen Quai Voltaire bildete. Marguin wohnte also im selben Bezirk, in dem Vaucansons frühere Wohnung lag. Kannten sich Vaucanson und Marguin also schon länger? Innerhalb weniger Monate intensivierte sich die Beziehung zwischen dem Erfinder und dem Ehepaar Marguin jedenfalls sehr. Anfang des Jahres 1736 zog Jacques im

Hôtel de Grammont ein und setzte dort seine Arbeit fort. Einige Monate später suchten sich die Marguins ein neues Domizil. Sie ließen sich in der Rue de Seine im alten Hôtel de Mayence nieder. Auf die Beziehung zu Vaucanson hatte das keinen Einfluss, denn Jean Marguin unterstützte den Mechaniker weiterhin. Als Vaucanson weiteres Geld zur Vollendung seines neuen Automaten benötigte, stand sein neuer Finanzier wieder bereit. Noch einmal 3000 Livres wurden in den Automaten investiert. Eine enorme Summe, wenn man bedenkt, dass man damit in der Provinz bequem größere Ländereien erwerben konnte.

Vaucanson perfektionierte seinen Apollo so sehr, bis er sich seiner Sache sicher war, und dann präsentierte er den Flötenspieler zunächst einem sorgfältig ausgewählten Publikum. Am 14. Januar 1738 lud er einige Herrschaften ein, um den Apollo zu besichtigen. Die Vorführung wird ein voller Erfolg. Dann endlich war es soweit, der Apollo konnte der breiten Öffentlichkeit vorgeführt werden. Vaucanson hatte mit Genehmigung des Magistrats von Paris eigens Plakate anfertigen lassen, auf denen er für seine Vorführung warb. Am 3. Februar 1738 wurde zum 256. Mal der berühmte Markt von St. Germain in der Kapitale eröffnet. Händler und Besucher aus dem ganzen Königreich und den Nachbarländern strömten seit 1482, dem Jahr des Friedens von Arras, in diesen Tagen nach Paris. Die Straßen waren laut und verstopft wie selten, alle wollten die neuesten Waren und Attraktionen sehen. Selbst Angehörige des Hofes mischten sich unter die Besucher. Kaufleute, Marktschreier, Quacksalber, Schausteller, Artisten – alle buhlten um die Gunst des Publikums. Servandoni, der Nachbar Vaucansons, stellte in dieser Zeit übrigens in den Tuilerien seine detailgetreuen Modelle des Petersdoms aus.

Vaucanson selbst warb unermüdlich für das Concert Spirituel seines Automaten. Er bediente sich für seine Vorführung eines Modewortes – mit Concert Spirituel hatte der Geiger Giovanni-

Pietro Chignone, der sich als königlicher Hofmusiker Jean-Pierre Guignon (1702-1774) nannte, 1725 seine ersten öffentlichen Konzertveranstaltungen in Paris bezeichnet. Diese Konzerte fanden zunächst in der Karwoche statt. Später wandelte sich das Repertoire von der geistlichen zur weltlichen Musik und man unterhielt die Besucher an den Tagen ohne Opernaufführung.

Im »Salon des quatre Saisons« des Hôtel de Longueville hatte der Mechaniker seinen Automaten in Szene gesetzt. Ein Freund Marguins, Sieur Jean Daniel, übernahm die Kasse. Madame Coquelive war für den Empfang zuständig und der Schweizer Janin sorgte für Ordnung. Rund zehn bis 15 neugierige Besucher wurden für jede Vorführung des Apollo eingelassen. Kaum hatte Jacques Vaucanson mit einem Schlüssel die Feder aufgezogen, die die Mechanik antrieb, setzte sich der mitsamt Sockel lebensgroße Androide in Bewegung und begann täuschend echt auf der Traversflöte zu spielen. Insgesamt zwölf verschiedene Stücke umfasste das Repertoire des Apollo, darunter auch die heute kaum noch bekannte Melodie »Rossignol ton ramage tendre« von Michel Blavet (1700-1768), dessen steile Karriere 1723 in Paris begann. Während seiner Deutschlandreise hatte Blavet sogar den späteren Preußenkönig Friedrich II. (1712-1786) in Rheinsberg im Flötenspiel unterrichtet. Blavet veröffentlichte unter anderem drei Bücher mit Flötensonaten.

Um die Melodien für den Flötenspieler zu programmieren, muss Vaucanson Hilfe von professionellen Musikern erhalten haben. War es Blavet selbst? Nach einigen Quellen soll eine Anwaltstochter, Mademoiselle Gren, ihm dabei geholfen haben. Außerdem war Vaucanson mit drei berühmten Geigern der Epoche befreundet: dem unter mysteriösen Umständen ermordeten Jean-Marie Leclair (1697-1764), Jean-Joseph Cassanea de Mondonville (1715-1772) und eben Jean-Pierre Guignon, dem Erfinder der Concert Spirituel. Nur mit solcher Unterstützung war es wohl möglich, die Stiftwalzen in mühevoller Arbeit so zu bestücken, dass eine Melodie gespielt werden konnte. Rund 15 Minuten lang spielte der Automat sein vielseitiges Repertoire. Die Nachricht von der wundersamen Präsentation verbreitete sich wie ein Lauffeuer unter den Besuchern der Messe. Selbst der Direktor der Messe war von dem mechanischen Wunderwerk zutiefst beeindruckt. Vaucanson war es gelungen, Apollo zum Leben zu erwecken. Es war das mechanisierte Schauspiel des bewegten Bildes. In nur 24 Tagen kamen 1806 Zuschauer. Jeder von ihnen zahlte die stolze Summe von drei Livres, das entsprach dem Wochenlohn eines Arbeiters. Das Geschäft lief hervorragend, bis Ende Mai hatten Vaucanson und Marguin die gewaltige Summe von 17 000 Livres eingenommen. Nun kam es zum Streit zwischen den beiden Geschäftspartnern. Marguin wollte den Großteil des Geldes, Vaucanson war jedoch nur bereit, seine Schulden zurückzuzahlen. Schließlich versuchte Marguin, den Apollo abtransportieren zu lassen, Vaucanson stellte sich krank und öffnete den Gehilfen Marguins die Türen zum »Salon des quatre Saisons« nicht. Am Ende der Auseinandersetzungen kam Vaucanson einigermaßen glimpflich aus den Streitereien heraus. Er konnte seinen Automaten und auch noch einen Teil des Geldes behalten. Zudem war dadurch sein Bekanntheitsgrad in Paris gestiegen. Am 30. März beschrieb der Abbé Desfontaines (1685-1745) in einem Brief begeistert den Flötenspieler. Er zeigte sich davon überzeugt, dass sein Schöpfer sich vor allem durch die Kenntnis der menschlichen Anatomie und Nerven beim Bau des Meisterwerks hat leiten lassen.

Der ehemalige Jesuit Desfontaines – mit bürgerlichem Namen hieß er Pierre François Guyot – war nach seiner Rückkehr aus dem Exil in Paris ein einflussreicher Literaturkritiker geworden. Bekannt für seinen merkwürdigen Humor, galt er als wortgewandter, aber sehr schwieriger Mensch. Ursprünglich war er nach 15-jähriger Tätigkeit in einem Jesuitenkolleg von Abbé Jean-Paul Bignon, dem königlichen Bibliothekar, beim »Journal des scavans« eingeführt worden. Das Journal wurde damals verspottet, es sei von der Pest umgebracht worden, weil es nur über Themen rund um die Seuche von Marseille berichtet hatte. Desfontaines sollte es jetzt wieder beleben. Nun gab er zusammen mit dem Journalisten Elie-Catherine Fréron (1718-1776) die »Observations sur les écrits modernes« heraus. Fréron, ein Absolvent der Jesuitenschule Louis-le-Grand, war ein starrköpfiger Gegner jedweder Innovation; dafür sollte sein Sohn ein eifriger Revolutionär werden. Zusammen mit der spitzen Feder Frérons diktierte Desfontaines den literarischen Geschmack der Zeit. Er tat sich häufig genug als erbitterter Gegner Voltaires (1694-1778) hervor, obwohl er ihm sein Leben zu verdanken hatte: François-Marie Arouet Voltaire hatte sich nämlich eigens vom Krankenbett erhoben und war nach Fontainebleau gefahren, um dort bei Kardinal André Hercule de Fleury (1653-1743) und der mächtigen Marquise de Prie (1698-1727) die Begnadigung Desfontaines' zu erbitten. Dieses Eingreifen ersparte dem homosexuellen Abbé die Galeere oder gar den Scheiterhaufen: Der Geistliche war inflagranti ertappt worden, als er sich an einem Kaminfegerjungen vergriffen hatte und deshalb Voltaire aus dem Gefängnis um Hilfe anflehte. Trotz der Schmach und eines weiteren Skandals, bei dem der Kardinal de Fleury sich für Desfontaines einsetzte, war er mittlerweile ein einflussreicher Mann geworden, so dass seine Empfehlung Vaucanson weiterhelfen und ihn bei den großen Gelehrten seiner Zeit bekannt machen konnte.

Einiges spricht dafür, dass Vaucanson seinen schnellen Aufstieg in die erlauchten Kreise der königlichen Académie auch seiner Nähe zu den neuen Freimaurerlogen verdankte. Sie entstanden möglicherweise als intellektuelle Weiterentwicklung der Compagnonnage, der einflussreichen französischen Handwerkerbrüderschaften; so etwa der »Enfants de Salomon«, der Brüderschaft der Steinmetze, deren Tradition auf die Bauhütten der großen Kathedralen zurückgehen soll.

In England hatte sich 1717 die erste Freimaurerloge, die »Grand Loge«, in der Londoner Mason's Hall um den berühmten Architekten Christopher Wren (1632-1723) gruppiert. Seine Mitstreiter waren der Steuersekretär George Payne, der Theologe James Anderson und der Naturwissenschaftler Jean-Théophile Desaguliers (1683-1743). Diese »Grand Loge« hatte sich aus vier einzelnen Logen gebildet, die sich nach den Gasthäusern benannt hatten, in denen sich die »Gentleman Masons« getroffen hatten, so etwa dem Wirtshaus »Goose and Gridiron«, oder dem »Crown« in London.

Die »Grand Loge« entstand nur ein Jahr, nachdem der jakobitische Rebell James Radcliffe (1689-1716) im Tower von London geköpft wurde. Er war nach dem erneut missglückten Versuch der Machtübernahme durch James Edward (1688-1766) im Jahr 1715 zusammen mit anderen Aufständischen gefangen genommen worden. Sein Bruder Charles Radcliffe (1693-1746), der Lord Derwent-Waters, entging dem Todesurteil nur dank seiner Jugend. Nach einer halsbrecherischen Flucht aus dem berüchtigten Gefängnis von Newgate schlug er sich mit 13 Mitgefangenen nach Frankreich durch. Dorthin war auch der Rebellenführer James Edward mit seinen Anhängern geflohen. Derwent-Waters gründete zusammen mit dem irischen Adeligen Dominique O'Heguerty (1693-1789) und dem Schotten James Hector MacLean die erste Loge Frankreichs in Dünkirchen, sie trug den Namen »Louis d'Argent«. 1725 folgte die Eröffnung der ersten Loge in Paris im Gasthaus des Wirtes Huré in der Rue des Boucheries. Sie sollte die Vorläuferin der später berühmten Loge »Grand Orient« sein. Lord Derwent-Waters wurde erster Großmeister Frankreichs. 1737 verbot Louis XV. die Freimaurerei, doch selbst sein Kammerdiener gehörte dem Geheimbund an und ein Jahr später wurde der Duc d'Autun Großmeister der Freimaurer. Sie scherten sich nämlich so wenig um dieses Verbot wie um jenes durch den

Papst – auch wenn sie sich als gläubige Katholiken zunächst darüber schockiert zeigten.

Solche Geheimklubs wie die Freimaurer waren groß in Mode. Louis XV. wurde von Courcillon († 1719) in einen solchen Geheimklub eingeführt, der nach dem Tod von Rambures weitergeführt wurde. Die Führerschaft der bacchantischen Gruppe übernahm die kaum 18-jährige Herzogin de Retz, bis ein fast öffentliches Gelage einen Skandal auslöste und die Herzogin zur Strafe in der Bastille eingesperrt wurde. Louis XV. wandte sich später lieber seiner Mätresse Madame Dubarry (1743-1793) zu, an der er besonders schätzte, dass sie ihre Vulva mit duftendem Ambrawasser wusch.

Die Freimaurerei erlitt jedenfalls einen Rückschlag, als 1745 das Schiff von Lord Derwent-Waters im Ärmelkanal aufgebracht wurde. Man verschleppte ihn nach London, wo er seinem Bruder auf den Richtplatz folgte. Treibende Kraft der Freimaurerbewegung in Frankreich war der schon erwähnte Jean-Théophile Desaguliers. Nach der Aufhebung des Ediktes von Nantes war seine Familie 1685 über Guernsey nach England geflohen. In Oxford studierte er Medizin, und als Mitglied der Royal Society genoss er die Protektion des fast schon von fanatischer Religiosität besessenen und asketischen Isaac Newton (1643-1727). Der begabte Naturwissenschaftler Desaguliers konstruierte eigenhändig ein mechanisches Planetarium, um das Sonnensystem nach Johannes Kepler (1571-1630) und Newton zu demonstrieren. Alle technischen Neuerungen und Erfindungen interessierten Desaguliers brennend; sicher auch die Automaten Vaucansons. Desaguliers, ein überzeugter Antikatholik, war klein, fettleibig, ungepflegt und sehr kurzsichtig, seine Gesichtszüge unebenmäßig. In den prächtigen Gewändern und dem Halbdunkel der Logen fühlte sich Desaguliers wohl. Er war ein begnadeter Redner und führte die Experimente der Royal Society. Selbst der berühmte Arzt Herman Boerhaave (1668-1738), der Lehrer La

Mettries (1709-1751), hörte die Vorträge Desaguliers auf dessen Reise in die Niederlande. Pikanterweise war der Freimaurer auch noch Kaplan des Prince of Wales. Desaguliers soll in geistiger Umnachtung gestorben sein.

Die Empfehlungen von Desfontaines und Desaguliers konnten Vaucanson jedenfalls viele Türen öffnen. Vielleicht hat der lebensfrohe Vaucanson auch im Café Gradot den ehemaligen Musketier, Mathematiker und Astronom Pierre Louis Moreau de Maupertuis (1698-1759) kennengelernt. Der trinkfeste Bretone war dort häufiger Gast und unterhielt seine stets zahlreichen Begleiter aufs Beste, beispielsweise, wenn er von seiner Expedition nach Tornea in Lappland erzählte. Diese bemerkenswerteste Reise hatte er vom Herbst 1736 bis zum 20. April 1737 zusammen mit dem Mathematiker Alexis Claude Clairot (1713-1765) und dem schwedischen Astronomen Anders Celsius (1701-1744) unternommen. Lappland wurde erst durch den Celsius-Schüler Carl Linné (1707–1778) zu einem Ziel wissenschaftlicher Expeditionen. Kurz nachdem Celsius den armen und stets hungrigen Studenten Linné, der aus Not die zahlreichen Löcher in seinen Schuhen mit altem Papier gestopft hatte, im Garten der Universität von Uppsala durch Zufall kennengelernt hatte, nahm er ihn zum Privatlehrer seiner Kinder und schickte ihn 1732 zu einer botanischen Expedition, die ihn 4000 Meilen durch Lappland führte. Da Linné 1735 mit nur £15 in der Tasche zum Studium bei Boerhaave in die Niederlande gereist war, fiel er für eine neuerliche Expedition in den hohen Norden aus.

Das Unternehmen war der Académie des Sciences ursprünglich von Charles-Marie de la Condamine (1701-1774) im Auftrag von Jean-Frédéric Maurepas (1701-1781), dem raffinierten Minister Louis' XV., vorgeschlagen worden. Damit sollte endlich der Disput zwischen Newton und Giovanni Cassini (1625-1712), dessen Position über die Gestalt der Erde die Wissenschaftler der Académie eingenommen hatten, geklärt werden. Schließlich war nicht nur Cassini selbst, sondern auch sein ältester Sohn Jacques (1677-1756) Mitglied der Académie. Der streitbare Naturwissenschaftler La Condamine – er war bereits mit 29 Jahren Mitglied der Académie – selbst begleitete derweil die parallel stattfindende Expedition nach Ecuador, damals noch ein Teil Perus, um dort die entsprechenden astronomischen Messungen vorzunehmen. La Condamine hatte das gleiche Kolleg wie Voltaire und Diderot besucht, die noch heute existierende Jesuitenschule Louis-le-Grand. Diese vor allem von jungen Adeligen besuchte Institution war für ihre gründliche Ausbildung berühmt und wegen der unnachgiebigen Härte ihrer Lehrer berüchtigt; schwere körperliche Züchtigungen waren an der Tagesordnung.

La Condamine war von sehr kräftiger Statur und von heißblütigem Charakter. Als junger Mann war er weit im Mittelmeerraum umhergereist. In Konstantinopel schloss er Freundschaft mit dem Hofastrologen des Sultans. Dem Kadi von Baffa in der Türkei hatte er unter Lebensgefahr eine wertvolle Ladung Silber überbracht. Auf seiner neuen Reise wurde er nun von den spanischen Marineoffizieren Jorge Juan und Antonio de Ulloa (1716-1795) sowie dem mehrfach von der Académie ausgezeichneten Mathematiker Pierre Bouguer (1698-1758) und Louis Godin de Odonais (1704-1760), dem eigentlichen Leiter der Expedition, begleitet. Odonais hatte für die abenteuerliche Reise die notwendigen Präzisionsinstrumente in London bei dem berühmten Uhrmacher George Graham, dem Schüler seines Onkels Thomas Tompion (1639-1713), gekauft und dort auch den Astronomen Edmond Halley (1656-1742) für letzte Diskussionen über die Mission getroffen.

Graham war es, der die Meisterwerke Tompions verfeinerte und wissenschaftliche Instrumente für das königliche Observatorium in Greenwich baute. Dazu gehörten auch Pendeluhren, die bis zu einem Jahr ohne Unterbrechung liefen.

Graham verbesserte die Zylinderhemmung und baute für den Earl of Orrery 1712 ein von einem Uhrwerk getriebenes Planetarium. Für Halley hatte er astronomische Instrumente entwickelt. Nur mit seinen Instrumenten konnten die wichtigen Messungen der französischen Südamerikaexpeditionen durchgeführt werden. Bei der aktuellen Reise war auch der aus Lyon stammende Joseph de Jussieu (1704-1779) als Botaniker mit von der Partie. Er forschte insgesamt 35 Jahre in Südamerika. Während seiner Abwesenheit leiteten seine beiden Brüder Antoine (1686-1758) und Bernard (1699-1777) gemeinsam den Jardin du Roi.

Am 16. Mai 1735 lief die Expedition in La Rochelle aus und kam am 10. März des folgenden Jahres in Quito an. Kurz nach der Ankunft sandte La Condamine ein Paket mit Kautschuk und anderen Proben an den Jardin du Roi. Bald kam es zum Streit zwischen Godin, Bouguer und La Condamine, der schließlich in eine offene Meuterei umschlug. Zu allem Unglück verlor auch noch der Chirurg Seniergues beim Aufstand von Cuenca sein Leben. Jeder der drei Expeditionsführer wählte eine eigene Route für die Rückreise nach Frankreich. Während Pierre Bouguer 1744 zurückkehrte, schickte Joseph Jussieu fleißig weiterhin seine Pflanzenproben nach Paris, darunter auch Koka-Pflanzen.

Als La Condamine nach zehn Jahren dem Lauf des Amazonas folgend nach Europa zurückreiste, wurden die Schätze der Expedition – Pfeilgifte, Chininsamen, Vanilleblumen und Kautschukpflanzen – auf zwei Schiffe geladen; eines unter dem Kommando des streng katholischen Spaniers Antonio de Ulloa, der von den Engländern aufgebracht und gefangen genommen wurde. Erst auf Druck der Royal Society lies man ihn wieder frei. Ulloa wurde als Ausgleich zum Fellow der Society ernannt. 1762 wurde er Gouverneur des inzwischen spanischen Louisiana. Die Bevölkerung jagte ihn allerdings 1768 aus dem

Amt und stellte ihm ein Ultimatum von drei Tagen, um nach Havanna abzusegeln.

Die Südamerikaexpedition La Condamines war auch insofern ein Erfolg, als man das alte Längenmaß Toise de Chatelet durch das Toise de Pérou als Längennormal ersetzte. Außerdem hatte La Condamine erkannt, dass die Schallgeschwindigkeit von der Lufttemperatur abhängig ist. La Condamine besuchte nach der Rückkehr Papst Benedikt XIV. (1675-1758), um mit dessen Segen seine eigene Nichte heiraten zu dürfen.

La Condamines Freund Maupertuis prahlte gerne vor seinen Zuhörern, etwa wie er in Lappland mit dem Rentierschlitten auf vereisten Flüssen unterwegs war und die Kälte selbst den mitgebrachten Wein gefrieren ließ, so dass er und sein Begleiter Abbé Outhier (1694-1774) Schnaps trinken mussten. Dieser Astronom Reginald Outhier hatte übrigens 1727 selbst ein Planetarium erfunden. Gerne erzählte Maupertuis auch von seinem bevorstehenden Umzug nach Berlin; Friedrich II. – selbst ein bekennender und hochrangiger Freimaurer – hatte ihn an den preußischen Hof geholt. Maupertuis sollte 1741 seinen Gönner im ersten Schlesischen Krieg begleiten.

Am Vorabend der Schlacht von Mollwitz, dem 9. April, hatte Friedrich II. wie üblich seine Soldaten im Heerlager besucht und ihnen gut zugeredet, bis sie ihn mit einem »Gute Nacht, Fritz« verabschiedeten.

Am nächsten Morgen dauerte die Schlachtaufstellung der Preußen im Schneetreiben zu lange, und so konnte Friedrich seine Infanterie nur drei Reihen tief staffeln. Um 13:30 Uhr eröffnete die preußische Artillerie das Feuer. Kurz vor 14 Uhr griff die österreichische Kavallerie überraschend an, die preußische Reiterei floh. Die Infanterie bekämpfte heldenhaft die angreifende Kavallerie und brachte den Österreichern schwere Verluste bei. Nach einem fünfstündigen Gemetzel wurde die Munition knapp. Die Preußen bedienten sich an den Pulverflaschen der gefallenen Kameraden. Nun schien alles verloren und Friedrich II. verließ auf Rat seiner Generäle eilig das Schlachtfeld. Das Pferd von Maupertuis ging in der allgemeinen Verwirrung durch und so geriet er in die Hände österreichischer Husaren. Das Schlachtenglück wendete sich, als der Feldmarschall Kurt Christoph von Schwerin (1684-1757) in die Flanke der Österreicher vorstieß. Bis zum Einbruch der Dunkelheit konnten die Preußen siegreich in Lauchwitz einmarschieren. Über 9000 Tote und viele tausend Verwundete forderte die Schlacht. Vom ersten preußischen Garderegiment, das die Hauptlast des Kampfes zu ertragen hatte, waren nur noch 45 Männer einsatzbereit. Maupertuis aber wurde als Gefangener nach Wien gebracht und beklagte bei Kaiserin Maria-Theresia (1717-1780) den Verlust seiner Graham-Uhr. Die Herrscherin schenkte ihm darauf ihre eigene mit Diamanten besetzte Graham-Taschenuhr.

Bei seiner Rückkehr nach Preußen heiratete er 1745 das Fräulein von Brock aus reichem pommerschen Adel. Friedrich II. machte ihn sogar zum Präsidenten der Berliner Akademie. Maupertuis war auch Fellow der Royal Society und ein Mitglied der Académie. Nach seinem Beweis der Erdabplattung arbeitete der Anhänger Newtons nun an seiner Theorie der kleinsten Wirkung und stritt heftig mit Voltaire über seine Ideen. Voltaire, der übrigens Newton während seines Exilaufenthalts in England getroffen hatte, konnte sich aber mit dessen Theorie einer an den Polen abgeplatteten Erde nicht anfreunden - selbst ein Zweifler an der Schöpfungsgeschichte glaubte an die Perfektion der Schöpfung. Der unversöhnliche Streit zwischen den beiden ging soweit, dass Voltaire den preußischen Hof verlassen musste. Schließlich versuchte Maupertuis, einen Gottesbeweis aus seinem kosmologischen System herzuleiten. Der Schweizer Mathematiker Leonhard Euler (1707-1783) und auch Joseph Louis de Lagrange (1736-1813) versuchten dieses System später mathematisch zu formulieren. Nach einem neuen Skandal musste dann auch Maupertuis Preußen verlassen. Er starb im Hause des Mathematikers Daniel Bernoulli (1700-1782) in Basel.

Doch zurück zu den angeregten Diskussionen im Café Gradot des Jahres 1738. Die Mathematikerin und adelige Offiziersgattin Gabrielle-Emilie Le Tonnelier de Breteuil, sie war die Marquise de Châtelet (1706-1749), stand bei dem Disput im Café Gradot manchmal zwischen den Fronten. Die einstige Geliebte des Duc de Richelieu bewunderte Newton und war damit auf der Seite von Maupertuis; andererseits war sie nun die Geliebte Voltaires, dem sie auf seiner Flucht aus Paris vor Jahren Unterschlupf geboten hatte. Nun sorgte Voltaire für ihren Schutz, denn sie durfte nur als Mann verkleidet ins Café.

Voltaire wurde übrigens einige Jahrzehnte später von Benjamin Franklin (1706-1790) bei dessen Aufenthalt in Paris in die Loge »Grand Orient« eingeführt. Es soll übrigens auch Voltaire gewesen sein, der in Preußen von den Maschinen Vaucansons schwärmte. In seiner Schrift »De la Nature de l'homme« bezeichnet Voltaire Vaucanson als Rivalen des Prometheus. In Anlehnung daran nannte La Mettrie den Erfinder den »neuen Prometheus«.

Hier im Café Gradot am Quai de l'Ecole und im altehrwürdigen Café Procope, vor dem die Kutschen der feinen Damen hielten, um sich auf einem Silbertablett eine Tasse Kaffee an den Wagen bringen zu lassen, konnte Vaucanson einige der bedeutendsten Gelehrten von Paris treffen. Zu ihnen gehörte inzwischen auch der große Naturforscher Buffon, ein Freund von Maupertuis. Georges-Louis Leclerc, der Comte de Buffon (1707-1788) aus dem verschlafenen Städtchen Montbard im Burgund, war seit einiger Zeit häufig in Paris. Mit 23 Jahren hatte er in Angers einen Soldaten im Duell getötet und war danach fast zwei Jahre lang kreuz und quer durch Frankreich gereist. 1733 endete diese Flucht und der begabte Mathematiker und Naturforscher wurde Mitglied der Académie. Buffon war sehr von sich eingenommen und trug stets eine Taschenausgabe von Euklid bei sich. 1739 wurde er nach dem plötzlichen Tod von Charles de Cisternay du Fay (1698-1739), der sich bereits mit Elektrizität beschäftigt hatte, zum Intendanten des Jardin du Roi ernannt. In dieser Rolle sollte er Großes erreichen. Buffon gilt noch heute als Wegbereiter und Pionier für die Anthropologie, Ethologie, Biogeografie und Paläontologie. Er verstand es, auch ohne immer die richtigen Antworten zu finden, stets die wesentlichen Fragen zu stellen, welche zum Teil bis heute die Naturwissenschaften beschäftigen. Obwohl er viel für den Jardin du Roi tat, arbeitete er an seiner monumentalen »Histoire naturelle« fast 50 Jahre. Das Werk beanspruchte ein Großteil seiner Kräfte und Intelligenz, trotzdem erweiterte er die Sammlungen des Jardin bei jeder Gelegenheit. 1745 kaufte Buffon für die Summe von 3000 Livres für den Jardin du Roi die fantastische Kabinettsammlung des verstorbenen Schatzmeisters Joseph Bonnier de la Mosson (1702-1744). Er ließ die Kabinettschränke zerlegen und samt den ausgestopften exotischen Tieren und anderen naturwissenschaftlichen Exponaten aus dem Hótel de Lude in der Rue Saint-Dominique abbauen und im Jardin de Roi erneut aufbauen. Dies waren die Geschichten, mit denen Buffon die Gäste des Cafés unterhalten konnte.

Im Café de la Régence auf der Place du Palais-Royal waren Denis Diderot und d'Alembert, einst Findelkind, nun Mathematiker und Jurist, Stammgäste und diskutierten über das Projekt der Encyclopédie. Hier war es auch, dass Philidor eine Schachpartie nach der anderen gewann. Der Komponist François-André Dancian Philidor (1726-1795) hatte das Spiel nur durch Zusehen erlernt und übertrumpfte bald alle Spieler seiner Zeit. Auch Voltaire hatte er im königlichen Spiel besiegt – so wie alle anderen Gegner im Café.

War es bei einer Tasse des modischen Getränks, dass Vaucanson die Gelehrten zum Besuch seiner Automatenschau überzeugen konnte? Traf er dort Voltaire und Maupertuis? Waren es Freunde aus dem Jardin du Roi, die ihn dort einführten? Vielleicht traf er auch hin und wieder eine Grisette, jene für ihre Freizügigkeit gerühmten Damen, die sich halb gesprochen, halb gehaucht, bei den Caféhäusern unter den nach Unrat und Urin stinkenden Arkaden des Palais-Royal den sogenannten Caveaux, den Freiern anboten. Mit imprägnierten Taschentüchern reizten sie die Gesichtshaut zum scheinbar schamhaften Erröten und überdeckten die Geschwüre der grassierenden Syphilis mit Quecksilberpflästerchen. Hin und wieder ging die Obrigkeit gegen diese Prostituierten vor, verhaftete sie und rasierte ihnen zur Abschreckung in aller Öffentlichkeit die Haare, bevor sie vor die Tore der Stadt verfrachtet wurden. Selbst der Opernsängerin Arnould drohte diese Strafe, vor der sie nur durch das Einschreiten ihrer Rivalin Dubarry bewahrt blieb.

In den oberen Geschossen des Palais-Royal feierte einst der Regent, der Duc d'Orléans, seine berüchtigten Feste. Das Palais-Royal war ein Anziehungspunkt für merkwürdige Mieter: Hier residierten Wahrsager, Magier und Alchimisten. In den Gängen des Gebäudekomplexes herrschte stets reges Leben. Besucher aus ganz Europa, Flaneure, Diebe und Bettler bildeten jene exotische urbane Mischung, deren Anziehungskraft sich Vaucanson nicht entziehen konnte.

VII.

Am 29. April 1738 gelang es Vaucanson, sich aus dem Vertrag mit Colvée freizukaufen. Aber es blieben die Verpflichtungen gegenüber Marguin. Es bedurfte einiger juristischer Kniffe, um sich auch von diesem Finanzier zu trennen. Doch es gelang ihm und nun hatte er freie Bahn, damit er seine Automaten erfolgreich propagieren konnte. Selbst der »Mercure de France« berichtete in seiner Aprilausgabe 1738 über die wundersamen Automaten Vaucansons. Inzwischen hatte er drei verschiedene dieser Kunstwerke fertiggestellt. Nun schienen sich seine Kontakte zu den Gelehrten der Cafés bezahlt zu machten, denn der Jesuitenschüler Marmontel gehörte zu den Eignern des »Mercure«. So erhielt Jacques Vaucanson Besuch von Mitgliedern der Académie Royale des Sciences in seinem Hôtel de Longueville, die seine Automaten inspizieren wollten. Nachdem sich die Académie-Mitglieder von der Einzigartigkeit seiner Maschinen überzeugt hatten, wurde der Konstrukteur eingeladen, am 30. April einen Vortrag an der 1666 von Colbert (1619-1683) gegründeten Académie Royale des Sciences zu halten. Jacques, der sich jetzt de Vaucanson nannte, trug der Versammlung ein »Mémoire descriptif« über seinen Apollo vor und erläuterte darin dessen komplizierten Mechanismus. Präzise beschrieb er zunächst, wie durch eine schwingende Luftsäule ein Ton in der Traversflöte entsteht und dieser durch unterschiedliche Anblastechnik und Fingerstellung des Spielers verändert wird. Anschließend erklärte er ausführlich, wie er diesen komplizierten Vorgang simulierte. Die auf einem Felsen sitzende Figur war insgesamt 2,10 m hoch. Der Apollo selbst war auf einem 1,46 m hohen und 1,13 m tiefen Podest[3] montiert. In diesem reich dekorierten

[3] Für die Umrechnung der Originalmaße wird der *Pied de Roi* des 18. Jh. mit 32,47325 cm angenommen. Nach anderen Quellen war die eigentliche Figur 1,78 m hoch.

Podest befanden sich verschiedene, von Gewichten angetriebene Schwungräder, die sechs Haupthebel bewegten. Diese steuerten über diverse Drähte und weitere Hebel fast geräuschlos insgesamt neun Blasebälge. Die Luft aus je drei Bälgen wurde in je eine von drei Röhren geleitet. Diese verschiedenen Blasebalgeinheiten wurden mit unterschiedlichen Gewichten belastet. Die Blasebälge simulierten die Lungen, die Röhren die Luftröhre. Die Luft aus den drei aufsteigenden Röhren vereinigten sich im Mund des Apollo. Hier traf die Luft auf eine verstellbare künstliche Zunge und trat durch den ebenfalls adjustierbaren Mund aus. Sieben Hebel steuerten je einen Finger an den Händen des Apollo – vier an der rechten Hand, drei an der linken. Das Ende eines jeden Fingers war mit Leder überzogen, so dass er das Loch der Traversflöte vollständig abdecken konnte wie ein menschlicher Spieler. Über eine Stiftwalze ließ sich nun jeder zu spielende Ton, seine Anspielzeit und der dazu notwendige Luftdruck programmieren. Es war sogar möglich, ein Echo zu simulieren.

Stiftwalzen zur Steuerung von Musikinstrumenten verwendeten die Glockenspiele in Kirch- und Wachtürmen seit dem 14. Jahrhundert, wie das Beispiel der in der Kathedrale von Beauvais erhaltenen Uhr von 1387 zeigt. 1599 hatten Thomas Dallam und Randolph Bull, beide Uhrmacher von Queen Elizabeth I. (1533-1603), für den türkischen Sultan eine Orgeluhr gebaut, deren Spiel von einer solchen Stiftwalze gesteuert wurde. 1650 hatte Athanasius Kircher die Herstellung von Glockenspielen mit Laufwerk und Stiftwalzen beschrieben. 1671 konstruierte der Uhrmacher Peter van Call aus Nimwegen ein Glockenspiel für den Schlossturm in Darmstadt mit einer Stiftwalze, die mit 4000 Löchern versehen war.

Vaucanson hatte die Entstehung von Tönen auf ihren physikalischen Ursprung reduziert, anschließend die Tonerzeugung in der Flöte analysiert und dann mechanisch zu kopieren versucht, wie ein Mensch die Töne auf einer Traversflöte spielt. In Vaucansons Automat wird der Mensch zum mechanischen System reduziert; gleichzeitig wird der scheinbar atmende Automat dadurch in den Augen der Betrachter vermenschlicht. Nie zuvor in der abendländischen Geschichte wurden so systematisch biologische Vorgänge simuliert, ja sogar durch Mechanik vollständig ersetzt. Erst die selbstdistanzierte, intersubjektiv kritische Betrachtungsweise der frühen Aufklärung lieferte den geistigen Hintergrund für diese konsequente Umsetzung des schöpferischen Gedankens. Hier manifestiert sich der Glaube an die fast unbegrenzte Machbarkeit, an die Berechenbarkeit der Welt, an ihre endgültige Entzauberung.

Das Prinzip des Flötenspielers hatte Vaucanson bei seinem dritten Automaten weiter perfektioniert. Sein provenzalischer Tambour konnte sogar 20 verschiedene Melodien auf Flöte und Trommel spielen. Die Tambourflöte mit nur drei Löchern war noch schwieriger zu spielen als die Traversflöte. Für den Mechaniker war es eine besondere Herausforderung, die Steuerung der mechanischen Zunge so zu konstruieren, dass der Automat eine ganze Sequenz mit halben Achtelnoten – also sechzehntel Noten – fehlerfrei modulieren konnte. Vaucanson war überzeugt, dass sein Automat besser und präziser spielen könne als jeder Mensch. Besonders schwierig war es, das Flötenspiel mit dem Rhythmus der Trommel zu kombinieren. Verschiedene Kombinationen, Schlagstärken und unterschiedliche Geschwindigkeiten mussten koordiniert werden. Dazu war eine enorme Anzahl an Hebeln und Federn notwendig, um den Mechanismus zu steuern. Der provenzalische Trommler ist vielleicht die komplizierteste Figur, die Vaucanson je geschaffen hatte.

Am berühmtesten wurde jedoch sein zweiter in Paris entstandener Automat: die Ente. Aus über 1000 beweglichen Teilen hatte er die einem lebenden Tier nachgebildete Ente zusammengebaut. Einige Biographen glauben, dass Vaucanson sogar zwei Exemplare gebaut hat. Endgültig wird sich die Frage wohl nicht mehr klären lassen. Insgesamt 30 Hebel sorgten für einen möglichst naturgetreuen Bewegungsablauf. Die von Vaucanson entworfene Bandkette erlaubte einen kontrollierten und sicheren Ablauf der einzelnen Programmschritte. Vaucansons Ziel, biologische Abläufe – nein, künstliches Leben – in einer Maschine zu schaffen, schien mit der Ente greifbar nahe.

Bereits 1690 soll der bretonische Géneral Jean-Baptiste de Gennes (1655-1706) im südamerikanischen Cayenne einen künstlichen Pfau konstruiert haben, der Körner aufpicken und verdauen konnte; so berichtete es 1724 der Dominikaner Labat (1663-1738) in seinem Buch über die französischen Kolonien. Vielleicht kannte ja Vaucanson diese Beschreibung. Seine Ente jedenfalls sollte vor den Augen der staunenden Zuschauer mit den Flügeln schlagen, sich putzen, fressen, trinken, verdauen und ausscheiden. Durch Klappen im Korpus ließ sich die simulierte Verdauung beobachten. Also benötigte die Ente einen Verdauungstrakt, einen künstlichen Darm. Jacques muss lange experimentiert haben, bis er einen geeigneten Werkstoff für dieses delikate Teil der Konstruktion gefunden hatte. Der Verdauungsvorgang musste natürlich wirken, also einen peristaltischen Rhythmus simulieren, dabei leicht sein, elastisch, belastbar, dehnbar, gegen Hitze, Feuchtigkeit und Schmiermittel unempfindlich sein. Schließlich musste er auch noch exakt zu verarbeiten sein. Einen Werkstoff mit solchen Eigenschaften gab es zur Zeit Vaucansons noch nicht. Viele Versuche müssen fehlgeschlagen sein. Vaucansons soll deshalb Kautschuk für den Darm verwendet haben, oder zumindest einen in Gummilösung getränkten Stoff. Doch woher hätte er dieses seltene Material, das man in Europa fast nur vom Hörensagen kannte, bekommen können? Einiges spricht dafür, dass sich Vaucansons alte Kontakte zum Jardin du Roi bezahlt gemacht haben könnten. Wenn es nicht Sendungen aus der Südamerikaexpedition La

Condamines von 1736 an den Jardin du Roi waren, die Kautschuk enthielten – und das Jahre bevor La Condamine selbst zurückkehrte und darüber schrieb – so muss Vaucanson den Werkstoff aus anderer Quelle bekommen haben. Ein möglicher Lieferant wäre der Abenteurer Fresneau gewesen.

François Fresneau (1703-1770) war gegen Ende 1732 für einige Jahre als Ingenieur und Astronom nach Guyana gereist und hatte dort den Kautschuk kennengelernt. 1737 war er wieder in Frankreich, bevor er erneut nach Südamerika aufbrach. Dort traf er La Condamine und beide erkundeten das Amazonasbecken. Hatte Vaucanson etwa Kontakte zu Fresneau? Belegt ist, dass Vaucanson 1762 einen Brief an den Minister Bertan schrieb, in dem er darum bat, Fresneau über Kautschuk und dessen Anwendungsmöglichkeiten zu befragen.

Bereits 1751 hatte sich Fresneau Stiefel aus Gummi gefertigt und schlug das Material für Taucheranzüge und Schläuche vor; dies sollte die Grundlage für Fresneaus Fabrikation von wasserdichten Textilien ab 1763 werden, Stoffe, die er mit Kautschuk behandelte. Vor dem Briefwechsel von 1762 scheinen er und Vaucanson jedoch keinen Kontakt gehabt zu haben. Fresneau als Lieferant scheint also auszuscheiden. Wenn Vaucanson tatsächlich Kautschuk in der Ente verwendet haben sollte, dann muss er geringe Mengen aus dem Jardin du Roi erhalten haben.

In einem Brief an den Abbé Desfontaines hatte Vaucanson ausführlich die Funktionsweise der Ente beschrieben. Dieser Text war der Académie bereits bekannt. Als Vaucanson seine Ente nun selbst der Académie vorstellte, schwärmte er von der genauen Reproduktion der Anatomie einer echten Ente. Er machte sich einen Spaß daraus, die Gelehrten an der Nase herumzuführen, als er erklärte, er habe im Inneren der Ente ein kleines Chemielabor eingebaut, in welchem sich die Verdauung der verfütterten Körner vollziehen würde. Vaucanson muss sich seiner Sache sehr sicher gewesen sein. Denn in Wirklichkeit wurden die Körner in einem versteckten Behälter im Hals der Ente gesammelt und eine im sogenannten Darm der Ente vorbereitete feuchte Masse wurde ausgeschieden. Keiner der anwesenden Wissenschaftler bemerkte den Trick, obwohl man den Verdauungsvorgang im Inneren der Ente ja durch Klappen verfolgen konnte. Die Mitglieder der Académie waren tief beeindruckt von dem Vortrag und der Vorführung Vaucansons.

Bernard le Bovier de Fontenelle (1657-1757), der »ewige« Sekretär der Académie und enge Freund Montesquieus (1689-1755), schrieb das vom 3. Mai 1738 stammende Protokoll der Vorführung. Der ehemalige Jesuitenschüler de Fontenelle war ein wichtiger Wegbereiter der Aufklärung. Seine Haltung war aufrecht, das Gesicht länglich, mit Doppelkinn und riesigen Tränensäcken. Er galt als bedeutendster Universalgelehrter in der Epoche Louis' XIV. Selbst der Generalpächter Claude-Adrien Helvetius (1715-1771) lobte Fontenelle in seinem 1759 öffentlich verbrannten Buch »De l'Esprit«. Helvetius, Sohn des Hofarztes von Louis XIV. und Absolvent der Jesuitenschule Louis-le-Grand, wurde selbst Arzt bei Hofe, bevor er als Mitglied der Académie einen philosophischen Salon führte. Nach dem Skandal, den sein Buch »De l'Esprit« auslöste, floh er über London an den Hof Friedrichs II.

Fontenelles Wort hatte also Gewicht, und so wundert es nicht, dass der königliche Zensor Pitot am 12. Juni des Jahres die Veröffentlichung des Textes über die Automaten Vaucansons erlaubte. Ende 1738 ließ Vaucanson einen neuen Prospekt mit Hilfe des erfolgreichen Illustrators Henri Gravelot (1699-1773) anfertigen. Auf dem Titelbild waren alle drei Automaten im Halbkreis stehend abgebildet, die Ente im Zentrum.

Gravelot hatte sich nach einer Reise nach St. Domingo 1732 in London niedergelassen und arbeitete dort zunächst bei einigen ausgewanderten Landsleuten. Dadurch erhielt er Kontakt zu führenden französischen Medien, so dass er regelmäßiger

Mitarbeiter des »Mercure de France« wurde und auch Voltaires Werke illustrierte.

Im Januar 1739 schaltete Vaucanson eine kleine Notiz im »Mercure de France«, in der er für seine Kreationen warb. Er kündigte eine Schau der Figuren für den Ostermontag an und hob besonders die fantastischen Eigenschaften der mechanischen Ente hervor, die sich ganz natürlich bewegen sollte. Vaucanson wollte alle Teile eines biologischen Systems simulieren, und so sollten die Grenzen von der unbelebten Materie zum Lebewesen endgültig verschwimmen. Ausdrücklich wies er darauf hin, dass seine Ente nicht so simpel und unnatürlich mit den Flügeln schlagen würde, wie etwa der Hahn auf der Uhr im Straßburger Münster oder jener in Lyon. Selbst der König interessierte sich für die Ente. Am Hofe rätselte man über den geheimnisvollen Mechanismus, der den Vogel scheinbar zum Leben erweckte. Auch Voltaire war tief von ihm beeindruckt. Schnell verbreitete sich die Kunde von Vaucansons Automat, selbst im fernen Metz diskutierte man schon bald über das mechanische Kunstwerk. Nach der erfolgreichen Präsentation der Automaten in Paris machte sich Vaucanson zu einer großen Tour durch Frankreich und Italien auf. Der Zeitpunkt war gut gewählt, denn in Caën, Chinon, Angoulême und anderen Städten kam es zu Aufständen und Tumulten des hungernden Volkes, selbst Anfang Mai war der Boden um Paris an vielen Stellen noch gefroren und neue Ernteausfälle drohten. Vaucanson mietete zum Transport seiner Automaten für 500 Livres eine Postkutsche für fünf Monate, um seine sperrige Fracht sicher auf den schlechten Straßen zu befördern.

Im Frühjahr 1740 waren die Überschwemmungen in Paris besonders schlimm. Der Pegel der Seine stieg auf die Marke von über acht Metern. Erneut drohte eine Hungersnot. Als man den Insassen des alten Hospizes von Bicêtre die tägliche Brotration von einem drei viertel auf ein viertel Pfund Brot kürzen wollte, kam es zum Aufstand. In Bicêtre hausten neben Kranken, Kriegsinvaliden und Geisteskranken auch aufgegriffene Vagabunden und, bevor man 1748 das Corps de Galères abschaffte, auch die zur Galeerenstrafe verurteilten Sträflinge, die etwa auf der berühmten La Réale rudern mussten. Die Aufständischen von Bicêtre überwältigten die Wachen und flohen in die nahe Metropole, wo sie Angst und Schrecken verbreiteten. Mit Waffengewalt wurde die Revolte niedergeschlagen, über 40 Ausbrecher wurden bei den Gefechten mit der Polizei erschossen.

Hatte Vaucanson seine Reise wegen der anhaltenden Unruhe im Volk angetreten? Möglicherweise hatte Vaucanson auch die Stadt so schnell verlassen, weil er nach seiner Vorführung der Automaten in der Académie nicht wollte, dass ihn einer der Gelehrten der Täuschung überführte, denn schließlich hatte Jacques ja über den wahren Mechanismus der Ente gelogen. Auf dem Rückweg von Italien zeigte Vaucanson seine Kunstwerke auch in seiner alten Heimatstadt Grenoble. Ende 1740 weilte er dann in Lyon und beendete dort den Vertrag mit Jean Marguin. Auch an Colvée zahlte Vaucanson nochmals 601 Livres für die Freiheit, seine Automaten im Ausland zeigen zu können. Damit sollte es ihm endgültig gelingen, den wirklichen Mechanismus der Ente vor der Académie geheim zu halten.

Die häufigen Vorführungen der Automaten lösten bei den Gelehrten einen spannenden Prozess aus: Sie begannen erneut, über die Trennung von Körper und Geist und über das Wesen der menschlichen Seele zu diskutieren. Es wurde ein lang anhaltender philosophischer Prozess. Buffon war Anhänger von René Descartes' (1596-1650) Ansicht, Tiere hätten kein Gedächtnis. Er sprach ihnen einen »inneren Sinn« zu – keine Seele, eine Art »Erschütterung« trieb die tierische Maschine Buffons an. Madame Pompadour (1721-1764) bewunderte den Gelehrten, der nur selten ihren Salon besuchte. Als Zeichen der Zuneigung schenkte sie ihm wenige Monate vor ihrem Tod ihren

Schoßhund, Kapuzineraffen und Papagei zur Pflege in Montbard. Die Pompadour hatte ein großes Herz für die Gelehrten, schließlich war sie es, die mit viel Geschick die schon verbotene Encyclopédie dem König schmackhaft machte und es so schaffte, dass das Verbot rückgängig gemacht wurde.

Der wie auch Maupertuis aus St. Malo stammende Julien Offroy de La Mettrie (1709-1751), hatte jansenistische Schulen besucht und Medizin bei Boerhaave studiert. Seine 1745 erschienene »Histoire de l'âme« wurde vom Henker wegen seiner antireligiösen Gedanken auf dem Scheiterhaufen verbrannt. Knapp drei Jahre später veröffentlichte er sein Werk »L'homme machine«, in dem er sich ausdrücklich auf Vaucansons Arbeiten bezog:

»... wenn Vaucanson für die Herstellung seines Flötenspielers mehr Aufwand und Geschick aufbieten musste als für seine Ente, dann müsste er sich für einen Sprecher eben noch mehr anstrengen (denn eine solche Maschine kann heute als Werk eines neuen Prometheus nicht mehr für unmöglich gehalten werden). Dementsprechend war es auch für die Natur notwendig, mit mehr Geschick und Aufwand zu arbeiten, als sie eine Maschine bauen und betreiben wollte, die ein ganzes Jahrhundert lang jede Pulsation von Herz und Geist anzeigen soll; denn wenn der Puls auch nicht die Stunden anzeigt, so ist er doch zumindest ein Indikator für die Stimmung und Lebendigkeit und lässt Schlüsse auf die Beschaffenheit der Seele zu. Ich täusche mich nicht: Der menschliche Körper ist eine Uhr ... «.[4]

Helvetius setzte sich 1758 in seinem erwähnten Skandalbuch »De l›Esprit« in vier Diskursen mit der Rolle des Geistes auseinander, und der Sensualist Etienne de Condillac (1715-1780) befasste sich mit der Idee einer Statue, der man nacheinander menschliche Sinnesempfindungen geben würde, bis sie mit dem

[4] La Mettrie: Der Mensch als Maschine; Nürnberg 1988. S. 83f.

letzten Sinn schließlich selbst zum Menschen würde. Der Philosoph und Physiologe Pierre-Jean-Georges Cabanis (1757-1808), ein enger Freund Diderots und Bekannter d'Holbachs, ging davon aus, dass Körper und Geist ein und dasselbe seien: »Les nerves, voilà tout l'homme.« Seinen vorrevolutionären Abschluss fand die Diskussion 1770 mit dem Erscheinen von d'Holbachs »System der Natur«, der den Menschen als Maschine sah, deren » ... Triebräder so zusammengesetzt sind, dass sie ihre Funktion in einer Weise erfüllen, die Gefallen erregen muss«.[5] Selbst der englische Sozialphilosoph Herbert Spencer (1820-1903) schloss in seiner Definition des Lebens eine Maschine noch mit ein, und sogar noch, als die PCs Mitte der 1980er die Privathaushalte eroberten, gab es vielfältige Erklärungen, dass ein Computer – also eine Maschine – nicht denken könne !

Doch Frankreich hatte im Jahr 1740 weit größere Probleme. Zu jener Zeit gab es wieder Hungerrevolten, so etwa in Bicêtre – der König zeigte sich ungerührt vom Leid seines Volkes. Trotz der Revolten stiegen die Getreidepreise im ganzen Land unaufhörlich. Ende Dezember wurden Paris und Metz dann von solch schweren Überschwemmungen heimgesucht, dass die Getreidemühlen nicht mehr arbeiten und deshalb kein Mehl liefern konnten. In Grenoble reichte das Hochwasser sogar bis zum zweiten Stockwerk der Häuser. Mit dem Hunger stieg auch die Wut auf die Obrigkeit. In Berlin war die Lage ebenfalls angespannt, denn dort wüteten die Pocken; jeder siebte Infizierte starb an der Epidemie. Selbst Preußens Beamte waren mit der Seuche überfordert. Die Zeiten waren hart in Europa. Für Luxus und Vergnügen hatten nur noch die wenigen der Oberschicht Geld.

---

5 d'Holbach: System der Natur; Frankfurt/M. 1978. S. 201

VIII.

Vaucanson schlug in dieser Zeit neue Wege ein, er suchte den Kontakt zu den Reichen von Paris. Sein Erfolg, sein Geld und seine zahlreichen Kontakte öffneten ihm den Weg in die bunte Entourage des Luxus liebenden Alexandre-Jean-Joseph le-Riche de la Poupelinière (1692-1762). Vielleicht hatte der Abbé Desfontaines ihm die Türen dahin geöffnet. Der enorm reiche Generalpächter liebte es, sich mit Künstlern und Gelehrten zu umgeben – und hatte eine besondere Schwäche für junge Tänzerinnen. Seine Freunde verglichen ihn mit dem römischen Mäzen und Konsul Asinius Pollio (-76 – 5), der Vergil, Horaz und Cicero unterstützte und in dessen Kunstsammlung der Farnesische Stier zu finden war. Die stetigen Zolleinnahmen an den Toren der großen Stadtmauer von Paris sicherten den Reichtum von La Poupelinière. Die Ferme générale wurde 1726 unter dem Premierminister Fleury eingeführt und berechtigte jeweils einen Finanzier, je sechs Jahre lang die Steuern einzuziehen. La Poupelinière holte für sich heraus, was er nur konnte und förderte die schönen Künste. Sein Protegé Jean-Philippe Rameau (1683-1764), ein Bekannter Voltaires aus Lyon, wohnte gar bei ihm und leitete sein Privatorchester. Zu seinen Mätressen zählten Marie Antier (1696-1747), die aufsehenerregende Sängerin aus Lyon, und Marie Sallé (1707-1756), die ihr Debut 1727 an der Oper in Paris gegeben hatte. Sie tanzte als Erste ohne Perücke. Ihr Tanzstil war wollüstig, ihre Mimik verführerisch, ihre Musselinkleider durchscheinend. Sie galt als unberührbar. Sogar in einem Freimaurertanz mit drei Paaren im Schäferkostüm war sie zu sehen. Auch ihre Rivalin, die aus Brüssel stammende Marie-Anne Cupis de Camargo (1710-1770), verkehrte im Hause von La Poupelinière. Voltaire war begeistert, wenn sie beim Tanz die Knöchel zeigte. Zu sehen war sogar noch mehr, denn sie trug beim Tanz keine Unterwäsche. Die Stimmung an solchen Abenden war immer sehr aufgeheizt. Louis XV. gab deshalb die Anweisung, dass es den adeligen Zuschauern verboten sei, die Schauspielerinnen zwischen den Akten und in den Pausen in den Umkleidekabinen zu besuchen.

Zum Reigen der Geliebten von La Poupelinière gehörte auch die Komödiantentochter Demoiselle Deshayes, bekannt als Mimi Dancourt, die später seine Frau wurde. Sie hatte den Ruf, sich nach der Oper gegen ein kleines Entgelt mit den hochherrschaftlichen Besuchern der Vorführung zu vergnügen. Kardinal Fleury hatte den Generalpächter genötigt, das Verhältnis zu legalisieren. Es dauerte einige Zeit, bis La Poupelinière Verdacht schöpfte, doch das Misstrauen gegen seine Frau Mimi wurde zusehends größer. In Begleitung Vaucansons durchsuchte er eines Tages während ihrer Abwesenheit ihre Zimmer. Vaucanson entdeckte in einem Kamin eine bewegliche Rückplatte. Diese verborgene Tür führte zu einen geheimen Korridor. Der Schock war umso größer, als der betrogene Ehemann feststellen musste, dass der Gang in eine Wohnung führte, die seinem Freund, dem Marschall Louis François Armand Richelieu (1696-1788), einem gefährlichen Duellanten, gehörte. La Poupelinière war tief getroffen und verbot Mimi fortan, das Haus zu betreten. Er fand sie mit einer sehr großzügigen Pension von jährlich 20 000 Livres ab. Mimi lebte einige Jahre vergessen und geächtet in Paris, wo sie 1752 einsam starb. La Poupelinière zog sich zunächst aus der Öffentlichkeit zurück, bevor er wieder seine rauschenden asiatischen Nächte in seinem Anwesen in der Rue Richelieu Nummer 59 feierte. Sein Haus wurde als Menagerie bezeichnet und er erhielt den Beinamen »der Sultan«. Er selbst schrieb, inspiriert von der Atmosphäre seiner Feste, die orientalische Geschichte »Daïra«. Anlässlich eines dieser Bälle wollte er 1760 schließlich die Sängerin de Mondrian aus Toulouse heiraten. Ein weiteres

Werk, welches aus der Feder des reichen Mäzens entstand, waren die verruchten »Moeurs«.

Zur Entourage von La Poupelinière gehörten außerdem so unterschiedliche Leute wie der Anatom Exupère-Joseph Bertin (1712-1781) oder der Präsident des Grand Conseil, Louis-Jean Bertier de Savigny (1709-1788). Regelmäßige Gäste waren auch Joseph Cassanéa de Mondonville (1711-1772), der Superintendent der Chapelle von Versailles, oder der Freund Vaucansons, Jean-Pierre Guignon. Ebenfalls häufig zu Gast bei La Poupelinière war das Ehepaar Van Loo; er war Maler (1684-1745), sie die Gesangslehrerin von Marie Fel (1713-1794), der bildhübschen Sängerin aus Bordeaux, die aus ihren zahlreichen Geliebten schließlich den Maler und Freimaurer Maurice-Quentin de La Tour (1704-1788) zum Mann wählte. Dieser Künstler sollte in geistiger Umnachtung sterben.

Zu den zahlreichen Künstlern im Umfeld La Poupelinières zählte auch der Altist Pierre Jéliotte (1713-1782), der mit anderen aus dem Kreis um Rameau zur 1729 gegründeten bacchantischen Gesellschaft »Le Caveau« gehörte. An jedem 1. und 15. eines Monats trafen sich die Mitglieder zu einem Gelage beim Gastwirt Landelle in der Rue de Buci. Zu den dort Versammelten gehörten regelmäßig Alexis Piron (1689-1773), dem man wegen seines obszönen Gedichtes »Ode à Priape « das Tor zur Académie francaise verschloss, der Jesuitenschüler Jean Baptiste Louis Gresset (1709-1777) und der Hofdichter des Duc d›Orléans, Charles Collé (1709-1783). Auch Vater und Sohn Crébillon gehörten zu den Gästen dieses illustren Kreises. Vater Prosper Jolyot Crébillon (1674-1762) war der Bibliothekar von Madame Pompadour, sein Sohn hingegen, Claude-Prosper (1707-1777), musste wegen seiner Schriften einige Zeit in der Bastille verbringen. Regelmäßige Besucher des Caveaus waren auch der Dramatiker Berndard-Joseph Saurin (1706-1781) und der Komödienschreiber Charles Francois Panard (1694-1765).

Bei einem der berüchtigten Gelage des Zirkels soll sich der finanziell ruinierte Chansonnier Gallet (1700-1757), den man zeitweise ausgeschlossen hatte, weil er Geld zu Wucherzinsen verliehen hatte, zu Tode getrunken haben.

Auch Nicolas-Claude Thieriot (1699-1772), der Jugendfreund Voltaires, verkehrte bei La Poupelinière, wie auch die Schriftsteller Pierre-Auguste Gentil Bernard (1708-1775) und Jean-François Marmontel. Der Salon von La Poupelinière zog außerdem den Enzyklopädisten d›Alembert (1717-1783), den Literaturkritiker Friedrich Melchior Grimm sowie Buffon und Pierre Crozat (1661-1740) an. Jener war der Bruder von Antoine Crozat (1674-1738), der seine Anteile an der Compagnie des Indes 1717 an John Law verkauft hatte und so der reichste Mann Frankreichs wurde. Pierre Crozat war ein begeisterter Kunstsammler und der Mäzen von Antoine Watteau (1684-1721). Er besaß über 19 000 Bilder, darunter über 400 Meisterwerke, die nach seinem Tod öffentlich versteigert wurden, damit der Erlös den Armen zugutekommen sollte. Ein Teil dieser Sammlung ist heute in der Eremitage von St. Petersburg zu bewundern.

In diesem ebenso lebenslustigen wie intellektuellen Umfeld traf eines Tages der Kardinal Pierre de Guérin Tencin (1679-1758), der genau wie Jacques Vaucanson aus Grenoble stammte, gemeinsam mit dem erfolgreichen Erfinder seinem politischen Gegner, mit dem Kardinal und Premierminister de Fleury zusammen.

Kardinal de Fleury war selbst Ehrenmitglied der Académie des Sciences, galt als eloquent, sehr gewandt und verstand es bis ins hohe Alter, seine Zuhörer mit zahlreichen Anekdoten zu unterhalten. Seine Gegner kreideten ihm seine Sparsamkeit an und empfanden ihn als Langweiler. Dieser erbitterte Gegner der Jansenisten hatte sich selbst mit 79 Jahren seinen klaren Verstand bewahrt. Er wusste genau, warum er bei diesem erneuten Zusammentreffen Vaucanson 1741 den Auftrag erteilte, die königlichen Seidenmanufakturen neu zu organisieren. Vaucanson reiste mit seinem Gehilfen Montessuy über Lyon nach Piemont und studierte dort genau die seit Jahrhunderten existierende Seidenfabrikation, bevor er nach Lyon zurückkehrte. Die Arbeiter der Seidenfabriken, die Canuts, empfingen ihn mit Beschimpfungen und bewarfen ihn sogar mit Steinen. Vaucanson ließ sich nicht einschüchtern und fragte herausfordernd, ob sie wirklich glaubten, die Einzigen zu sein, die feine Muster weben könnten. Er werde eine Maschine konstruieren, mit der selbst ein Esel ein elegantes Blumenmuster erzeugen könnte. In der Tat begann er mit der Konstruktion des ersten vollständig mechanischen Webstuhls, der durch Wasser- oder Tierkraft angetrieben und durch Stiftwalzen und Zahnstangen – ähnlich wie in seinen Automaten – gesteuert wurde. So konnte tatsächlich ein Esel einen gemusterten Seidenstoff weben. Wenige Jahre zuvor, 1725, hatte bereits Basile Bouchon, der Sohn eines Orgelbauers, einen mit Lochkarten gesteuerten Webstuhl in Lyon gebaut. Drei Jahre später folgte ein ähnliches Modell von Jacques de Falcon. Vaucansons Webstuhl war jedoch der erste, der durch seinen hohen Automatisierungsgrad die Weber erheblich entlastete. Bei den manuell betriebenen Webstühlen wurden die zahlreichen Steuerfäden, die sogenannten Simples, von einem Kind immer dann gezogen, wenn das Muster eine neue Farbe an der zu webenden Stelle verlangte. Das unübersichtliche und störungsanfällige System erforderte viel Geschick, Konzentration und Übung. Trotzdem blieben auch bei einer eingespielten Weberfamilie zahlreiche Fehler nicht aus. Vaucansons Webstuhl steuerte die Simples automatisch und erlaubte fehlerfreie Muster. Allerdings war die Mustervielfalt eines Falcon-Webstuhles noch größer. Vaucanson verbesserte bald darauf auch noch die Basse-Lisse-Stühle der Gobelinweber.

Vaucanson blieb noch einige Zeit in Lyon und schloss dort Anfang 1742 Verträge mit drei Händlern: Etienne-François

Carmagnac (*1698), Pierre Dumoulin (*1707) und François Fournier. Sie sollten die Ente und die beiden Flötenautomaten sicher nach England bringen. Dort sollten sie nämlich für ein ganzes Jahr dem Publikum vorgeführt werden. Dumoulin war für die Mechanik verantwortlich, während Carmagnac über die nötigen Verbindungen zum Transport der Automaten verfügte.

Es war der Freimaurer Desaguliers gewesen, der Vaucanson den Weg nach London geebnet hatte. Dort erschien nämlich 1742 die englische Übersetzung seiner Beschreibung des Flötenspielers, die von der Académie des Sciences veröffentlich worden war. Angehängt war der Brief Vaucansons an den Abbé Desfontaines, in dem er Ente und Trommler beschrieb. Ergänzt wurde die von Parker in London gedruckte Schrift durch einige Zeichnungen der Figuren. Vaucanson konnte dank Desaguliers seine Automaten erfolgreich im Long Room des London Opera House am Haymarket präsentieren. Stephen Varillon aus Lyon verkaufte dort die Broschüre vor den Vorführungen, die jeweils um 13, 14, 17 und 19 Uhr stattfanden.

Am 12. Februar 1743 traf sich Vaucanson in Paris mit den drei Händlern aus Lyon und verkaufte ihnen seine Automaten für die beachtliche Summe von 40 000 Livres, abzüglich der 15 000 Livres, die der Erfinder vorab bereits erhalten hatte. So hatte er sichfinanziell gesichert und für neue Aufgaben frei gemacht.

1744 erklärten sich dreißig Lyoner Seidenfabrikanten bereit, die enorme Summe von 600 000 Livres bereitzustellen, um in eine von Vaucanson geplante Seidenfabrik zu investieren, die den stolzen Titel einer Manufacture Royale tragen durfte. Gegen die neue Fabrik jedoch revoltierten wieder die Canuts. Vaucanson und sein Mitarbeiter Montessuy fürchteten um ihr Leben und flohen nachts aus der Stadt. Vaucanson ließ sich jedoch auch von diesen dramatischen Attacken nicht beirren und verbesserte seine mechanischen Webstühle laufend weiter. Im November

1745 berichtete der »Mercure de France« über Vaucansons mit Tierkraft angetriebenen Webstuhl – ein neues Meisterwerk.

1746 ließ Vaucanson als Mitglied der Académie des Sciences verschiedene Beschreibungen seiner Maschinen drucken. Er grübelte noch lange über einen Automaten, der den menschlichen Blutkreislauf simulieren würde. Es soll der anatomieinteressierte Louis XV. selbst gewesen sein, der ihn um den Bau dieses Androiden bat. In diesen Jahren setzte sich der gichtgeplagte Hofarzt Quesnay mit dem Wirtschaftskreislauf auseinander; seine Entdeckung war quasi ein Nebenprodukt der medizinischen Forschung. War es Quesnay, der von einem Automaten gehört hatte, den der Chirurg Abraham Chovet (1704-1790) 1733 gegen eine Eintrittsgebühr von fünf Shilling in London gezeigt hatte? Es war das Modell einer schwangeren Frau mit geöffnetem Bauch, bei der die faszinierten und geschockten Besucher beobachten konnten, wie das Blut in gläsernen Arterien und Venen zirkulierte. Auch Le Cat scheint damals an einem ähnlichen Projekt gearbeitet zu haben. Der einstige Partner Vaucansons wurde nun zu seinem Konkurrenten. Medizinisch war Le Cat im Vorteil, mechanisch jedoch im Nachteil. Vaucanson versuchte viel, um den Auftrag des Königs zu erfüllen, erreichte aber wenig. Schon als er noch mit Le Cat zusammengearbeitet hatte, konnte er ja Chovets Modell nicht übertreffen. Das Blut sollte in Kautschukschläuchen zirkulieren, es wäre dann aber nicht sichtbar gewesen. Der Arzt Hérissant (1745-1769) und der Chemiker Macquer (1718-1784) schlugen 1768 die Herstellung solcher Schläuche vor, und Grossart fertigte sie bald danach für medizinische Zwecke.

Für Vaucansons Automaten wären solche Schläuche wohl nur wenig sinnvoll gewesen.

Angeregt wurden Vaucansons Experimente möglicherweise auch durch das verstärkte Interesse an der Anatomie und an der immer häufigeren Sektion von Leichen, die teils vor Publikum stattfand. Lieferten die Leichendiebe keinen Nachschub, so musste sich das neugierige Publikum mit Modellen behelfen. Die ersten dieser Modelle fertigte der Arzt de Noue in Genua um 1680. Anatomische Wachsmodelle füllten inzwischen sogar die Kunstkammern von Adeligen, wie etwa jene des neapolitanischen Prinzen Raimondo di Sangro (1710-1771). Berühmt waren auch die lebensechten Arbeiten des Sizilianers Gaetano Giulio Zumbo (1656-1701), der mit dem Chirurgen Guillaume Desnoues (1650-1735) zusammenarbeitete. Es war schließlich ein Wachsmodell von André-Pierre Pinson (1746-1828) für die Sammlung des Jardin du Roi, welches den Blutkreislauf eines Neugeborenen zeigte. Als Pinson in geistiger Umnachtung gestorben war, wurde seine umfangreiche Modellsammlung verkauft.

Während Vaucanson mit seinen Projekten beschäftigt war, erlitten die fortschrittsgläubigen Gelehrten in seinem Umfeld einen schweren Rückschlag. Das Parlament verlangte nämlich, dass die antireligiösen Schriften »Pensées philosophiques« von Diderot und die »l'Histoire naturelle de l'âme« von La Mettrie öffentlich verbrannt werden sollten. La Mettrie fand sich später am Hofe Friedrichs II. ein und amüsierte seinen königlichen Gastgeber gerne damit, in der Bibliothek aus der Kirchengeschichte vorzulesen. Eine verdorbene Pastete soll La Mettrie zum Verhängnis geworden sein – er starb wahrscheinlich an einer Lebensmittelvergiftung.

Vaucanson konnte sich glücklich schätzen, dass er als Konstrukteur seiner ideengebenden Automaten selbst unverdächtig blieb.

In dieser Zeit zogen die Automaten eines anderen Konstrukteurs die Aufmerksamkeit in Paris auf sich. Der Schausteller Defrance zeigte 1746 jeweils von 11 bis 13 Uhr und von 15 bis 18 Uhr in den Tuilerien seine lebensgroßen Androiden. Es waren Flötenspielerautomaten, die ähnlich wie jener von Vaucanson funktioniert zu haben scheinen. Das Paar stellte einen Schäfer und eine Schäferin dar. Einer der Automaten konnte bis zu 30 Melodien spielen, der andere stampfte mit dem Fuß den Takt dazu. Defrance führte zudem noch einige mechanische Vögel vor, die verschiedene Melodien trillerten. Diese Automaten gelangten 1747 in den Besitz des Arztes und Schaustellers Blaise Lagrelet, der mit ihnen durch England tourte. Dort verliert sich dann die Spur dieser Androiden.

In welcher Verbindung Defrance und Vaucanson standen, ist heute leider nicht mehr zu klären.

IX.

Vaucanson plante, schließlich noch einen sprechenden Menschenautomaten zu bauen. Viele Bauchredner oder Schausteller täuschten seinerzeit das Publikum mit solchen scheinbar sprechenden Automaten. Dagegen wollte Vaucanson einen Mechanismus entwickeln, der die menschliche Sprache simulierte. Dabei ließ er sich auch nicht von den Fehlschlägen anderer Konstrukteure abhalten: Valentin Merbitz, Rektor der Kreuzschule in Dresden, soll sich bereits 1705 mit einem solchen Automaten befasst haben. Fünf lange Jahre arbeitete er vergebens an diesem Projekt. Auch der Automatenbauer Abbé Mical (1730-1789) experimentierte jahrelang mit sprechenden Köpfen. Menschenstimmen ahmten auch die Kirchenorgeln nach, welche die Vox humana spielten, so etwa die 1750 fertiggestellte Gabler-Orgel im Kloster Weingarten, deren verblüffende Töne die Mönche erschreckt haben sollen.

Vaucanson musste schließlich doch seine Pläne verwerfen, denn er konnte die Vielzahl von Problemen, die bei der Arbeit auftauchten, nicht lösen.

In Paris machte ein neuer Salon von sich reden, es war jener von Marie-Thérèse Geoffrin (1699-1777), in dem sich zahlreiche Encyclopädisten trafen. Die Witwe eines Unternehmers, der durch die Herstellung von Spiegeln reich geworden war, unterstützte die Gelehrten um d'Alembert nach Kräften. Fontenelle und Voltaire verkehrten allerdings lieber im Salon der Marquise du Deffand (1697-1780). Als sie erblindete, nannte Voltaire sie eine hellsichtige Blinde. Nach diesem Schicksalsschlag sollte Julie de Lespinasse (1732-1776) die Leitung dieses Salon übernehmen, verließ ihn aber nach einem Streit mit der Marquise und gründete ihren eigenen Salon. Viele Besucher beschwerten sich zwar über das gebotene Essen, doch d'Alembert und andere Gelehrte verkehrten dort regelmäßig.

Vaucanson war in den üppig ausstaffierten Salons wohl nur selten anzutreffen. Dort gehörten inzwischen Elektrisiermaschinen zum neuesten Amüsement. Vaucanson setzte sich allerdings nie mit Elektrizität auseinander, wahrscheinlich sah er darin nur eine Spielerei. 1748 befasste er sich mit einem völlig neuartigen Projekt: Er konstruierte ein von einem großen Uhrwerk angetriebenes Straßenfahrzeug. Dieses zweisitzige Fahrzeug war ein ins Überdimensionale gewachsener Tischautomat, aufwendig bemalt und verziert in Blau und Gold. Vaucanson hat mehr getan, als nur eine alte Idee Leonardo da Vincis (1452-1519) zu übernehmen. Immer wieder hatten Konstrukteure versucht, mit Federmechanismen angetriebene Fahrzeuge zu entwickeln, so etwa im Jahr 1649 der Nürnberger Zirkelschmied Johannes Hautsch (1595-1670). Vaucansons genialer Wurf war es jedoch, alle vier Räder seines Wagens anzutreiben. Damit dieser dann vom Fahrer problemlos in Kurven gelenkt werden konnte, bedurfte es der technischen Raffinesse: eines Differentials. Im August erhielt Vaucanson die einmalige Möglichkeit, sein Fahrzeug dem König persönlich vorzustellen. Louis XV., dem kein Luxus zu kostspielig war, ließ sich drei Stunden von Vaucanson durch das streng abgeschirmte Areal des berühmt-berüchtigten Parc aux Cerfs in Versailles kutschieren. Wenig später sollte Louis XV. dort die Petites Maisons errichten lassen, in denen er ab 1753 seine zahlreichen jungen Geliebten hielt. Das Anwesen des Parc aux Cerfs umfasste den ganzen Raum zwischen der Rue de Satory, der Rue de Rossignol und der Rue St. Martin. Im Haupthaus des Parc aux Cerfs wurden immer ein oder zwei jugendliche Mätressen mit einer Zofe und Diener für jeweils ein Jahr untergebracht, bevor sie einen weiteren Bastard des Königs gebaren. Die von François Boucher (1703-1770) in lasziver Pose verewigte Marie Louisa Morfy, alias O'Murphy (1737-1814), aus

Rouen eröffnete den Reigen dieser jugendlichen Gespielinnen des Königs. Als Louis XV. sie zum ersten Mal in verführerischer Haltung, die weiß gepuderten Haare mit goldenen Kämmen geschmückt, auf dem Sofa sah, wendete er sich ab. Sein Kammerdiener Bachelier packte ihn und setzte ihn neben die O'Murphy. Der König gewann schnell Spaß an der Sache und verschwendete in den kommenden Jahren Unsummen an seine Mätressen. Die Liste der Namen ist lang, die wechselnden Geliebten hörten auf Namen wie Mademoiselle de Coulanges oder Lescot, die alle üppig für ihre Dienste entlohnt wurden. Mademoiselle Romans spendierte der König sogar ein Lustschlösschen.

Während Vaucanson den König durch den Park kutschierte, bestaunten der Duc de Mortemart, der Baron d'Avezac und andere Höflinge das Schauspiel. Der König war begeistert: »Die einfachen Leute müssen denken, Ihr seid ein Zauberer«, lobte er Vaucanson und orderte ein solches Fahrzeug für seinen eigenen Fuhrpark. Unklar ist allerdings, ob dieser Wagen je gebaut wurde.

Im Jahr 1749 stellte Vaucanson auf dem großen Markt von St. Germain dem Publikum noch einmal mit großem Erfolg drei neue Automaten vor. Einer der Androiden stellte eine Marktfrau dar, die eine Taube auf dem Kopf trug und ein Glas Wein in der Hand hielt. Auf ein Kommando hob sie ihre Hand und aus dem Schnabel der Taubefloss Wein in das Glas. Ein weiterer Automat stellte einen Kaufmann in seinem Laden dar, der auf Zuruf eine Packung Kaffee, Tee oder Zucker aus seinen Regalen holte. Der dritte Android war als Mohr kostümiert und hatte in der einen Hand eine Glocke, in der anderen einen Hammer. Es gelang Vaucanson, die schwierige Aufgabe zu lösen, dass der Mohr zielsicher mit dem Hammer die freischwingende Glocke traf. Ihm war ein weiteres Meisterwerk an Präzision gelungen. Nach dem Ende des Marktes von St. Germain verliert sich die Spur dieser Automaten.

Vaucanson war kurze Zeit später wieder mit den Problemen der Seidenmanufaktur beschäftigt. Kostspielige mechanische Spielereien für den Hof lieferten derweil andere Konstrukteure, so beispielsweise Claude Siméon Passemant (1702-1769). Der Freund Cassinis konstruierte für Louis XV. eine astronomische Uhr, die so ganggenau sein sollte, dass die Himmelsmechanik erst in 300 Jahren – also erst 2049! – nachjustiert werden müsste. Wenige Jahre später lieferte dann Abraham Louis Breguet (1747-1823) seine berühmten Uhren an den Hof. Er sollte ab 1769 die Uhrmacherkunst mit seinen Innovationen in Paris revolutionieren und damit seine Konkurrenten beschämen.

Die Seidenmanufakturen stellten eine ganz andere Herausforderung an die Präzisionsarbeit als der Uhrenbau. Am schwierigsten sollte sich für Vaucanson die Konstruktion der Organsin-Spinnmaschine herausstellen, mit der mehrere haarfeine Seidenfäden mouliniert, das heißt vom Kokon abgewickelt und zu doppelzwirnigen Seidenfäden verdrillt werden konnten, damit ein belastbarer und farbechter Schussfaden entsteht. Primitive Seidenhaspeln gab es seit 1272 in Italien, und 1681 hatte der Münchner J. J. Becher eine der geheimen italienischen Seidenhaspeln weiterentwickelt. Einige dieser zylindrischen Maschinen nahmen ein ganzes Stockwerk in einer Seidenmühle ein. Ein wichtiger Schritt war es, diese Spinnmaschinen zu verkleinern, um mehrere von ihnen in einem Gebäude unterbringen zu können und so den Ausstoß der Fabrik zu erhöhen. Vaucanson betrat also technisches Neuland mit seiner Konstruktion. Es dauerte bis 1751 – also jenem Jahr, in dem der erste Band der Encyclopédie von Diderot erschien, die den Artikel »Androide« dem Flötenspieler Vaucansons widmete – als in Aubenas, Departement Ardèche, eine Fabrik mit 200 Organsin-Spinnmaschinen in Betrieb genommen werden konnte. Bald arbeiteten 400 Menschen in dieser Fabrik. Lange Fensterfronten sollten für eine ausreichende Beleuchtung sorgen. Auch wenn das Los der Arbeiter hart war, so erging es ihnen doch besser als jenen, die gerade in Südfrankreich von Hungersnöten geplagt wurden. Vaucanson hatte eigens Werkzeugmaschinen zum Bau der Fabrik entwickeln und anfertigen müssen. Innerhalb weniger Jahre war seine Seidenmühle in Aubenas so erfolgreich, dass der Seidenimport nach Frankreich um bis zu 15 Millionen Francs pro Jahr sank.

Vaucanson begann die gesamte Seidenindustrie Frankreichs zu modernisieren. Er baute oder verbesserte nach eigenen Plänen die Manufakturen in Lavaur (1757), Tours (1759), Montpellier (1764), Amboise (1768), Romans (1773), La Sône (1773) und St.-Paul-Trois-Châteaux (1778). Unermüdlich entwickelte er weitere Maschinen für die französische Textilindustrie. Bei einigen Entwürfen soll er, wie schon bei der Ente, auf Vorarbeiten von Jean-Baptiste de Gennes – dem bretonischen Seefahrer und Gouverneur von St. Christoph, der in englischer Gefangenschaft starb – zurückgegriffen haben. Doch würden Vaucansons von Stiftwalzen gesteuerten Webstühle je die fantastischen Schattierungen der sogenannten »points rentrés« erreichen, jene feinen Nuancen der Reflexion, die Jean Revel (1684-1751), der Musterzeichner der Lyoner Seidenmanufakturen, unter Louis XIV. erfunden hatte, um einen dreidimensionalen Tiefeneffekt zu erzielen? Philippe de Lasalle (1723-1804) hatte die »points rentrés« sogar noch verfeinert. Erstaunlicherweise gab es solche Musterzeichner erst seit 1756 in Lyon. Aber sollten Vaucansons Maschinen etwa wirklich in der Lage sein, die Muster »Panier fleuri« oder »Jardinière« reproduzieren zu können? Dies waren die Namen der Muster, die Jean Pillement (1728-1808) für die prunkliebende Madame Pompadour entworfen hatte. Der Erfolg seiner Erfindung zeigt, dass es die Webstühle Vaucansons durchaus mit den kunstvollen Mustern der Meisterweber aufnehmen konnten. Die Mechanisierung drang weiter in die Domäne der Kunst vor und degradierte sie zum Kunsthandwerk.

Vaucansons Erfindung führte jedermann drastisch vor Augen, dass kein Produkt zu kompliziert schien, um es nicht seriell fertigen zu können. Die neuen Maschinen forderten einen Fabrikaufbau, der sich strikt am Materialfluss und an den Arbeitsabläufen orientierte. Dies verlangte nach einer Aufteilung der einzelnen Arbeitsschritte und förderte eine bis dato unbekannte Spezialisierung der Arbeiter. Die Bedeutung dieser revolutionären Fertigungsverfahren war selbst Karl Marx (1818-1883) bewusst, der Ende Januar 1863 an Engels (1820-1895) in Manchester schrieb, wie sehr die Experimente Vaucansons die englischen Erfinder beeinflusst hätten. Hier sind vor allem Richard Arkwright (1732-1792) und James Hargreaves zu nennen.

Arkwright stammte aus ärmlichen Verhältnissen und arbeitete als Barbier in Wirksworth, bevor er 1767 im Land umherzog, um Haar für Perücken zu kaufen. In Warrington lernte er einen Uhrmacher kennen, der ihm die Prinzipien einer Baumwollspinnmaschine erklärte. Seit der Erfindung des Schnellschützen zum Bewegen des Weberschiffchens 1733 durch John Kay (1704-1780?) konnten breitere Textilbahnen gewebt werden, und deshalb stieg der Bedarf an gesponnenem Garn schneller, als es die bis dahin üblichen Spinnräder liefern konnten. John Kay selbst zog um 1747 nach Frankreich und sorgte dort für die Verbreitung seiner Erfindung.

Arkwright war fasziniert von der neuen Spinnmaschine und verbesserte mit einem Geschäftspartner den ursprünglichen Mechanismus des Uhrmachers. In Cromford, Derbyshire, baute er 1764 gemeinsam mit Jedediah Strutt, dem Erfinder eines Strumpfwirkstuhls, seine von Wasserkraft betriebene Spinnmaschine, die »Water Frame«. Arkwright wurde bald zum erfolgreichen Textilunternehmer, und 1782 arbeiteten 5000 Menschen in seinen Fabriken. Der Weber Samuel Crompton (1753-1827) begann im Jahr 1779 seine Karriere als Erfinder mit seiner eigenen Version einer Spinnmaschine, der »Mule«.

Crompton verkaufte die Rechte an seiner Maschine für £60. Arkwright selbst hatte derweil ein Vermögen von £200 000 angehäuft und wurde später sogar geadelt. Nach vielen Streitigkeiten wurden ihm jedoch seine Patente entzogen. Als tatsächlicher Erfinder wurde der inzwischen geistig verwirrte Thomas Highs anerkannt.

Im gleichen Jahr, in dem Arkwright seine Spinnmaschine perfektioniert hatte, also 1764, konstruierte der findige Weber James Hargreaves (1720?-1778) seine »Spinning Jenny« in Standhill bei Blackburn. Die nach seiner Tochter benannte Maschine – anderen Interpretationen zufolge war »Jenny« eine Verballhornung des englischen »Engine« – mit acht Spindeln empfanden die anderen Weber als Bedrohung. Sie stürmten Hargreaves' Haus und zerstörten einige seiner Konstruktionen. Hargreaves zog 1768 weiter nach Nottingham, und mit Thomas James entwickelte er die »Spinning Jenny« weiter, so dass sie gleichzeitig das Garn auf 100 Spindeln aufzwirnen konnte. Hargreaves arbeitete bis zu seinem Tod in seiner kleinen Textilfabrik. Langfristig konnte sich die »Spinning Jenny« aber nicht gegen die anderen Spinnmaschinen durchsetzen, weil das mit ihr gewonnene Garn im Vergleich nicht belastbar genug war.

X.

Zwischenzeitlich, nämlich 1750, hatte Vaucanson eine mechanische Schlange für die Oper »Cléopâtre« seines Bekannten Marmontel konstruiert. Das künstliche Reptil züngelte und biss tatsächlich in die Brust der Tänzerin. Ein Raunen ging beim Anblick dieser delikaten Szene durchs Publikum, und manch einer der Zuschauer bedauerte, nicht an Stelle der Schlange zu sein.

1752 heiratete Vaucanson Madeleine Rey, die Tochter eines Seilers aus Lyon. Deren Tochter Marie-Thérèse war damals fünf Jahre alt. Wieder einmal wurde Frankreich vom Hunger heimgesucht. Im kalten Winter von 1753 sollen in den Vororten von Paris 800 Menschen verhungert und erfroren sein. Auch Vaucansons kleine Familie wurde vom Unglück heimgesucht. Madeleine gebar ihm Angélique-Victoire und starb noch im Wochenbett im November 1754. Jacques kümmerte sich liebevoll um die Tochter und gab ihr jeden Tag drei oder vier Stunden Unterricht.[6] 1755 mietete sich Vaucanson im Hôtel de Mortagne in der Rue de Charonne in Paris ein. Seine Räume umschlossen einen begrünten Innenhof. Dort fand er genügend Platz, um zu experimentieren und seine Konstruktionen immer wieder zu verbessern.

Es war im gleichen Jahr, dass die Bande des Ex-Soldaten Louis Mandrin (1724-1755) ihr Unwesen in Rhône-Alpes und Burgund trieb. In sechs Raubzügen zog er von der Schweiz aus mit 300 Bewaffneten durch die Provinz. Seine marodierenden Truppen waren am helllichten Tag in Autun, Beaune, Bourg-en-Bresse und Grenoble einmarschiert. Sie hatten dort die

---

[6] Hier sind die Biographen widersprüchlich. Einige datieren die Hochzeit auf 1753 und erwähnen Marie-Thérèse überhaupt nicht.

Steuereinnehmer gezwungen, ihnen den mitgebrachten Tabak abzukaufen und Mandrin stellte dafür sogar Quittungen aus. Bevor er wieder abzog, befreite er noch die Gefangenen der Stadt. Im Schloss von Rochefort in Savoyen wurde Mandrin schließlich am 11. Mai 1755 überrascht und festgenommen. Die Staatsmacht statuierte ein Exempel gegen jeden Aufruhr und ließ ihn zwei Wochen später in Valence rädern.

Am 1. November 1755 bebte die Erde in Lissabon acht lange Minuten. Es war eine fürchterliche Katastrophe. Von Madeira bis Schottland spürten die Menschen die schrecklichen Stöße. 50 000 Opfer soll das Erdbeben und die anschließende Feuersbrunst in Lissabon gefordert haben, Coimbra und Malaga zerfielen zu Ruinen. Selbst im marokkanischen Fes starben 12 000 Einwohner, auf Madeira stürzten 2 000 Häuser ein. Das Erdbeben erschütterte den Glauben vieler an irdische oder überirdische Mächte; weder Religion noch König noch Wissenschaft konnten hier helfen.

1757 erschütterte ein neues Verbrechen Frankreich. Louis XV. verließ am 5. Januar das Schloss von Versailles, um mit der Kutsche zum Trianon zu fahren. Der Duc d'Ayen (1739-1824), Kapitän der königlichen Garde, blieb ausnahmsweise zurück, weil er sich noch mit dem Marschall Richelieu unterhielt. Plötzlich stürzte ein groß gewachsener, schwarz gekleideter Mann auf die Kutsche zu. Der athletisch gebaute Angreifer sprang auf das Fahrzeug, und rammte dem König einen kleinen Dolch in die rechte Seite. Der Attentäter Robert-François Damiens (1715-1757) traf Louis XV. zwischen der vierten und fünften Rippe. Der König schrie auf, seine Begleiter warfen sich auf Damiens, nahmen ihn fest. Der verwundete Monarch wurde ins Trianon gebracht. Damiens, ehemaliger Soldat und Domestik der Jesuiten in Paris, soll sich in einer Art Delirium befunden haben, als er die Tat beging. Gerüchte über mögliche Hintermänner der Tat kursierten, da König und Parlament zerstritten waren. Als sich die Nachricht vom Angriff auf den König in Paris verbreitete, machte sich ein riesiger Tross nach Versailles auf. Kutschen und Reiter strömten ohne Unterlass an den Hof, um den verletzten König zu sehen. Der unmittelbare Hofstaat versuchte die Gelegenheit zu nutzen, um die einflussreiche Geliebte des Königs, Madame Pompadour, von ihm zu trennen. Neun Tage gelang es jeden Kontakt zwischen beiden zu unterbrechen.

Damiens wurde unmittelbar nach der Verhaftung ein Gegengift verabreicht, um einen Selbstmord zu verhindern, bevor er nackt von den Wachen des Königs befragt wurde. Bei ihm fand man eine größere Summe Geldes und eine Bibel. Damiens wurde nach einem kurzen Prozess zum Tode verurteilt. Da er in seiner Zelle in der Conciergerie einen Selbstmordversuch unternommen hatte, hielt man ihn im Tour Mongommerie stets mit acht am Boden verankerten Eisenriemen auf einer Matte gefesselt. Bei der peinlichen Befragung hatten die Folterknechte ihm beide Beine gebrochen. Die Hinrichtungsstätte, die Place de Grève vor dem Rathaus von Paris, wurde mit einer meterhohen Barriere abgesperrt. In der Mitte wurde ein großer Holztisch aufgebaut, auf dem Damiens mit Eisenbändern, die über Brust, Bauch und zwischen den Beinen verliefen, festgeschnallt werden sollte. Als sich am 28. März der schwer bewachte Tross mit Damiens von der Conciergerie durch die Straßen von Paris zur Place de Grève seinen Weg bahnte, säumten Tausende Schaulustige den Straßenrand. Aus allen Fenstern reckten sich die Menschen, um einen Blick von Frankreichs bekanntestem Verbrecher zu erhaschen. Auf dem Platz vor der Kathedrale Notre-Dame hielt der Zug zunächst an. Hier mußte Damiens öffentlich Buße tun und seinem Verbrechen abschwören. Dann wurde der Verurteilte wieder in den Henkerskarren gezerrt. Als der unglückselige Damiens endlich am Place de Grève angekommen war, dauerte es eine halbe Stunde, bis der Henker Gaston Sanson, assistiert von seinem Neffen Charles Henri Sanson (1739-1806), dessen erste Hinrichtung dies war, ihn endlich auf dem Schafott festgeschnallt hatten. Der Henker sollte später wegen dieser Verzögerung für einige Tage ins Verlies wandern. Der englische Exzentriker George Augustus Selwyn (1719-1791) liebte Hinrichtungen. Der Politiker reiste regelmäßig zum Kleiderkauf nach Paris und suchte dort Abwechslung zu den englischen Bordellen, wie jenem der Madame Hayes, das er gern in London besuchte. Er war häufiger Gast im Salon von Madame du Deffand, wo er auch regelmäßig Horace Walpole (1717-1797) traf, der sich bei Selwyn über die philosophischen Ausführungen des Baron d'Holbach beklagte. Selwyn interessierten diese hochgeistigen Diskussionen weniger, seine Interessen waren handfester Natur. Selwyn hatte von der Exekution Damiens' gehört und die wollte er hautnah sehen. Er bestach sogar den Henker, um einen möglichst guten Platz zu bekommen, von dem aus er genau beobachten konnte, wie der Henker sein blutiges Handwerk begann. Selwyn trug so einfache Kleidung, dass man ihn selbst für einen Henker hielt, darauf angesprochen verneinte er, diese Ehre sei ihm nicht zuteil, er sei nur ein Bewunderer. Daraufhin ließ der Henker ihn auf das Blutgerüst steigen, damit der englische Gast alles aus nächster Nähe beobachten konnte. Der Scharfrichter peitschte zunächst den Delinquenten aus und verbrannte ihm seine rechte Hand mit Schwefel; jene Hand, mit der er den König angegriffen hatte. Anschließend wurde er mit Zangen gefoltert, in die offenen Wunden gossen die Henker flüssiges Blei und siedendes Öl. Damiens gab immer noch Lebenszeichen von sich, also wurde er vom Henker und seinen Gehilfen zwischen vier starke Zugpferde gespannt. Er sollte genau so sterben wie einst der Attentäter Ravaillac (1579-1610), der Mörder König Henris IV. (1553-1610). Die Menge verfolgte die langwierige Hinrichtung Damiens' jubelnd und sang Loblieder auf die Gesundheit des Königs. Die Menschen drängten an die Barriere heran, um genau zu sehen, was sich auf dem Schafott abspielte. Einige

Gaffer stürzten im Gedränge. Durch die Menschenmassen, in der sich auch Giacomo Casanova (1725-1798) befand, zwängte sich La Condamine nach vorne, überstieg die Barriere und stellte sich unmittelbar neben den Verurteilten. Der Henker war irritiert, rief die Wachen, doch La Condamine wollte unbedingt das grauenhafte Geschehen aus nächster Nähe beobachten. Der Henker wollte nun zwei weitere Pferde anspannen lassen, weil Damiens ein starker Mann war. Doch die Kommissare Pasquier und Servet verweigerten es dem Henker, ebenso wie das Zerschlagen der Gelenke. La Condamine beobachtete das grauenvolle Schauspiel ohne wegzuschauen mit einer Mischung aus Erregung und Neugier, wie der geschundene Leib Damiens' vor seinen Augen in Stücke gerissen wurde; erst die Beine, dann eine Schulter. Selbst das jämmerliche Stöhnen Damiens' und das spritzende Blut scheint ihn nicht gestört zu haben. Er wendete sich erst ab, als die Henkersgehilfen die Leichenteile einsammelten und auf einem Scheiterhaufen verbrannten. Aus der Menge drängten sich Menschen vor, die Hals- und Taschentücher mit dem Blut des Getöteten tränkten – ein wundertätiges Mittel gegen Krankheit und Unheil. Damiens Asche wurde in alle Winde zerstreut. Anschliessend riss man sein Haus nieder. Seine Geschwister mussten ihren Namen ändern und seine Frau und Tochter wurden des Landes verwiesen. Selbst sein alter Vater wurde gezwungen, Frankreich für immer zu verlassen.

Louis XV. sollte noch lange danach begeistert von der Hinrichtung erzählen. Der König liebte es, seinen Gästen beim Diner immer wieder mit der detaillierten Schilderung des fürchterlichen Vorgangs den Appetit zu verderben. An seine längst verheilte Stichwunde dachte der König dabei schon lange nicht mehr.

Auch Selwyn schien als Anhänger sadistischer Praktiken Gefallen an dem grausamen Schauspiel gefunden zu haben. Kurz danach erhielt er von seinem Freund Henry St. John einen

Brief, in dem er ihn einlud, gemeinsam die Hinrichtung des Pförtners der Lady Harrington in London zu besuchen. Selwyn reist sofort ab.

Nur einmal im Leben soll Selwyn so etwas wie innige Zuneigung entwickelt haben, nämlich zu Maria Fagniani (1771-1856), die er Mie-Mie zu rufen pflegte und mit viel Zuneigung wie ein eigenes Kind aufzog – vielleicht war er sogar der Vater. Jedenfalls spielte er dann mit dem Kind, wenn er nicht mit seinem Hund spielte oder die Zeit mit seinen Freunden am Spieltisch verbrachte.

Es waren solche Hinrichtungen, die der Anatomieprofessor Joseph Ignace Guillotin (1738-1814) so abstoßend fand, dass er nach einer Maschine verlangte, welche die Leiden des Delinquenten verkürzen sollte. Das Fallbeil der Revolution mit ihren Tausenden Hinrichtungen trug schließlich seinen Namen.

Nach der Hinrichtung Damiens' griffen die Behörden hart durch und durchsuchten die Stadt nach illegalen Druckereien, in denen heimlich aufklärerische und aufrührerische Schriften hergestellt wurden. Über 100 dieser Druckereien gab es in der Stadt, versteckt in Kellern und Hinterhöfen. Selbst im Tour du Temple, dem ehemaligen Archiv der Templer, nun Schatzkammer des Königs, wurde die Polizei fündig und zerstörte eine geheime Druckerei. Sogar ein Vikar der Sainte Chapelle wurde verhaftet, weil er eine illegale Druckerei betrieb. Das geregelte System des absoluten Königtums geriet mehr und mehr außer Kontrolle. Nur mit Gewalt ließ sich der Kreislauf noch aufrechterhalten, der unaufhörlich um den König als seinem Mittelpunkt pulsierte. Doch auch dieses scheinbare Perpetuum Mobile verlor an Energie. Denn Gefahr drohte dem Staat wieder einmal durch die marode Haushaltslage. Etienne de Silhouette (1709-1767), nach dem man die damals modischen Schattenbilder benannte, wurde im März 1757 zum Finanzminister berufen. Silhouette hatte das englische Finanzwesen studiert und konnte anfangs Erfolge aufweisen. Es gelang ihm, die Staatskasse mit 75 Millionen Livres zu füllen, aber das genügte bei Weitem nicht. Er sah sich gezwungen, neue Steuern zu erheben und selbst die privaten Ausgaben des Königs zu kürzen. Nun stellten sich König und Parlament gegen Silhouette, er wurde öffentlich verhöhnt und in Gesängen verspottet. Verbittert zog er sich auf sein Landgut zurück, veröffentlichte einige Bücher und starb bald an der Schwindsucht.

XI.

Was war inzwischen mit den drei Automaten Vaucansons geschehen? Die neuen Eigentümer Carmagnac, Dumoulin und Fournier waren mit den Automaten im Frühjahr 1746 auf große Tour gegangen. Flötenspieler, Trommler und Ente wurden in Straßburg bald zweimal pro Tag vorgeführt, bevor sie in Frankfurt am Main Station machten. Von dort reisten die Schausteller nach Hamburg. Hier hatte möglicherweise der Philosoph Hermann Samuel Reimarius (1694-1768) den Flötenspieler gesehen, denn in seiner 1754 erschienenen Schrift »Abhandlung von den vornehmsten Wahrheiten der natürlichen Religion« dient ihm die Figur des Apollo als abschreckendes Beispiel für die Vorstellung einer leblosen Welt, die als gewaltige Maschine funktioniert.

1748 veröffentlichte der Mechaniker Johann Andreas Erdmann in Augsburg eine Beschreibung der Automaten Vaucansons. Die langen Reisen, der ständige Auf- und Abbau, der häufige Betrieb – diese Belastungen setzten den empfindlichen Automaten zu. Dumoulin versuchte, sie so gut es eben ging instand zu halten. Allerdings waren seine Reparaturversuche teilweise dilettantisch und bald versagten einige Funktionen ihren Dienst.

Dumoulin stellte die mechanischen Kunstwerke in den Jahren 1752/53 in Nürnberg vor. Der Markgraf von Bayreuth, der Schwager Friedrichs II., zeigte sich entzückt über die Präsentation. Er wollte Dumoulin die Automaten unbedingt abkaufen, konnte aber die Summe von 12000 Florin nicht auftreiben. Der Flötenspieler machte jedenfalls am preußischen Hofe wieder von sich reden. Der Musiker Johann Quantz (1697-1773) veröffentlichte 1752 sein Werk über das Flötenspiel »Versuch einer Anweisung die Flöte traversière zu spielen«, welches bis heute seine Bedeutung wegen der Aufschlüsse über das Verzierungswesen im 18. Jahrhundert nicht verloren hat. Im Vorwort schrieb Quantz, das Buch sei dazu gedacht, einen intelligenten Musiker zu schulen und nicht nur einen mechanischen Flötenspieler ohne Intelligenz. Quantz, der die Flöte durch Hinzufügen einer zusätzlichen Klappe weiterentwickelte und auch selbst baute, zeigte sich gegenüber der Spielkunst von Vaucansons Automaten also skeptisch. Der in Oberscheden bei Hannover geborene Quantz hatte den Vater, einen Dorfschmied, früh verloren und musizierte bereits als Achtjähriger in Dorfschenken, um sich sein Essen zu verdienen. Nach einer ruhelosen Jugend, die ihn durch die Höfe und Konzertsäle Europas führte, wurde er ab 1741 der Flötenlehrer Friedrichs II.

Nach dem Rückzieher des Markgrafen war Dumoulin in finanzielle Schwierigkeiten geraten und ließ Ente, Flötenspieler und Tambour im Kontor des Patriziers Pflüger in Nürnberg zurück. Mit einem Vorschuss von 3000 Florin in der Tasche machte sich Pierre Dumoulin nach St. Petersburg auf, um dort die Automaten zu verkaufen. Am 19. Dezember 1755 warb er für die Vorführung von diversen Automaten, singenden Vögeln und optischen Spielereien.

In St. Petersburg war zu dieser Zeit der exzentrische Duc d'Eon (1728-1810) in geheimer Mission unterwegs. Der Vertraute Louis' XV. trug häufig Frauenkleider und erhielt deshalb als Mademoiselle de Beaumont Zutritt am Hofe der russischen Zarin Elisabeth (1709-1762). Charles-Geneviève d'Eon wurde der Geliebte von Elisabeth, und so gelang es dem Fechtmeister, eine Allianz zwischen Frankreich und Russland auszuhandeln. Der heißblütige und zierlich gebaute d'Eon heiratete schließlich seine Geliebte Nadejda in Russland, bevor er nach Versailles zurückkehrte. Er sollte sie erst nach der Revolution wieder in London treffen. Auch in der englischen Hauptstadt pflegte er stets noch Frauenkleider zu tragen, um seine frühere Affäre mit der

Königin Sophie-Charlotte vor ihrem Mann George III. (1738-1820) zu verheimlichen. Selbst an der Londoner Börse spekulierte man damals über das wahre Geschlecht des bekannten Duellanten d'Eon. Als der fast blinde Georg III. nach dessen Tod 1810 erfuhr, dass d'Eon tatsächlich ein Mann und auch noch der mutmaßliche Geliebte von Sophie-Charlotte gewesen war, verschlechterte sich sein Geisteszustand zunehmend, diesen Schock verkraftete er nicht.

Doch bis dahin sollte es noch fast ein halbes Jahrhundert dauern. Pierre Dumoulin zog 1759 von St. Petersburg weiter nach Moskau und zeigte dort verschiedene Automaten aus seinem reichen Fundus; meist waren es mittelmäßige Arbeiten. Sogar noch 1764 sah der Vater der Technikgeschichte, Johann Beckmann (1739-1811), die Maschinen Dumoulins in St. Petersburg, und man erklärte ihm, sie seien von Vaucanson gebaut worden. War die Ente darunter? Wir wissen es nicht. Dumoulin schaffte es, zum Mechaniker im physikalischen Institut der Universität von Moskau ernannt zu werden. 1767 wurde er allerdings wegen Unfähigkeit wieder entlassen.

In dieser Epoche orientierten sich immer weitere Automatenbauer an den Werken Vaucansons. Zu ihnen gehörte Joachim Eppinger. Er wuchs auf einem Bauernhof irgendwo bei Augsburg auf, bevor er in die Stadt kam, um Orgelbauer zu lernen. Eppinger war begabt, sehr begabt sogar. Bald begann er mit dem Bau komplizierter Automaten. Er konstruierte 1769 seine eigene Version des Flötenspielers von Vaucanson. Vielleicht kannte er ja die Beschreibung der Automaten von Erdmann. Eppingers Pan-Figur lehnte sich an einen Baum und spielte auf den neun Rohren der Panflöte verschiedene komplizierte Pastorellen. Eppingers Pan setzte dabei die Flöte immer aufs Neue an, ein faszinierendes Schauspiel. Als 1770 die künftige französische Königin Marie-Antoinette (1755-1793) durch Augsburg reiste, erhielt sie eine Vorführung des Pan und verlieh Eppinger eine goldene Medaille. Joachim Eppinger baute außerdem noch einige Vogelautomaten.

In Frankreich verbreitete sich derweil ein neuer religiöser Eifer. In Toulouse wurde 1762 der protestantische Kaufmann Jean Calas (1698-1762) vor Gericht gestellt. Man hatte seinen an Depressionen leidenden Sohn Marc Antoine erhängt gefunden und beschuldigte den Vater nun des Mordes, der den Selbstmord vertuschen wollte. In den Fall mischte sich schnell religiöser Wahn. Man warf dem Vater vor, er habe den Sohn erwürgt, weil jener katholisch werden wollte. Die Dominikaner von Toulouse heizten die Stimmung an und machten den Sohn zum Märtyrer des wahren Glaubens. Voltaire verteidigte Calas, doch erfolglos; er wurde 1762 zum Tod durch das Rad verurteilt. Seine Frau und die Töchter wurden in ein Kloster verbannt, die Söhne flohen in die Schweiz. Die neue Religiosität fand ihr Spiegelbild in wilden Ausschweifungen, wie etwa jenen des Marquis de Sade (1740-1814). Der Louis-le-Grand-Absolvent und ehemalige Soldat wurde 1763 wegen seiner regelmäßigen Exzesse in einem Bordell erstmals zu Festungshaft verurteilt; Blasphemie, schwere Flagellation der jungen Prostituierten Jeanne Testard und Sodomie standen auf der Anklageliste. Dies alles konnte de Sade nicht stoppen. Es gab auch unersättliche Frauen. Die Schauspielerin Mademoiselle Dubois etwa rühmte sich, in rund 20 Jahren über 16000 Liebhaber beglückt zu haben.

Vor den Kaminfeuern erzählten sich die Menschen die Geschichte von der Bestie von Gévaudan, das schon viele Opfer gefordert hatte. War es ein besonders großer und böser Wolf, ein Werwolf oder ein Serienmörder? Schon 15 Frauen, 86 Kinder und sechs Männer sollte die Bestie in der Auvergne und den Cevennen seit 1764 getötet und teilweise gefressen haben, ohne dass es Jäger stellen konnten. Selbst ein Trupp Soldaten blieb erfolglos. Erst nach drei Jahren organisierte der Marquis d'Apchier eine Jagd, bei der der Bauer Jean Chastel das Monster mit drei geweihten Silberkugeln erlegte. Manche glauben, er habe seinen als Wolf verkleideten Bruder erschossen.

Es war in dieser angespannten Atmosphäre, dass Edward Gibbon (1737-1794), der große Historiker des Römischen Reiches, Diderot und d'Alembert besuchte. Gibbon, klein, unansehnlich, kränklich und schwergewichtig, verstand es, seine Zuhörer unermüdlich mit Anekdoten aus dem alten Rom zu unterhalten, während er unablässig irgendwelche Speisen verschlang. Der 1776 erschienene erste Band seines monumentalen »Decline and Fall of the Roman Empire« sicherte sich sogleich seinen Platz auf dem Index der katholischen Kirche und sollte auch ein Menetekel für das Ancien Régime sein.

Ebenfalls 1763 kam der schottische Moralphilosoph und Logiker Adam Smith (1723-1790) auf seinen Reisen nach Paris. Hier diskutierte er mit d'Holbach und Quesnay, dessen Schriften inzwischen teilweise von Abbé Desfontaines redigiert wurden. Gesprächsstoff gab es genügend für die beiden, so etwa die wilde Spekulation in Amsterdam. Im Siebenjährigen Krieg (1756-1763) war das neutrale Amsterdam zum führenden Finanzzentrum aufgestiegen. Doch nun kam der Rückschlag. Nach über 200 Jahren Geschäftstätigkeit ihres Handelshauses hatten sich die Gebrüder de Neufville verspekuliert und erklärten sich am 2. August 1763 für zahlungsunfähig. In den Sog der Krise gerieten auch die Handelshäuser von Aaron Joseph und Jacob Norden. Selbst in Hamburg spürte man die Auswirkungen des Bankrotts. Es waren diese angeregten Diskussionen über gesellschaftliche Systeme, die den Logiker Smith auf das Feld der Ökonomie führten. Sein Ideal war eine neue Gesellschaft, deren Wirtschaftssystem sich selbst regulierte – so wie in einem Automaten. Es war schließlich Smiths Freund James Watt (1736-1819), ein zeitlebens von schwerer Migräne geplagter Modellbauer an der Universität Glasgow, dem es gelingen sollte, einen solchen selbstregulierten Automaten zu bauen, der die Gesellschaft revolutionieren sollte: die atmosphärische Dampfmaschine.

Doch bis dahin sollte es noch ein langer Weg sein, denn der religiöse Wahn steigerte sich 1764 erneut, als Pierre Paul Sirven (1709-1777) beschuldigt wurde, seine Tochter ermordet zu haben, obwohl alle Indizien auf einen Selbstmord deuteten. Sie war 1760 in ein Kloster eingetreten, kehrte mit Depressionen zurück und wurde 1762 ertrunken in einem Brunnen gefunden. Die Ankläger warfen Sirven vor, er habe seine Tochter ermordet, weil er sie hindern wollte, dem Protestantismus abzuschwören. Wieder griff Voltaire in den Fall ein, erneut vergeblich; denn Sirven wurde in Abwesenheit zum Tode verurteilt. Immerhin wurde der aus ähnlichen Gründen verurteilte Jean Calas 1765 rehabilitiert. Der Druck auf die Jesuiten wuchs erneut. Inzwischen war der Orden enteignet worden und viele Ordensbrüder verließen das Land. Trotzdem war der Fanatismus nicht aufzuhalten. Im Jahr 1766 schockierte ein neuer Justizskandal Frankreich. In Abbeville wurde der 19-jährige Chevalier J.-F. Lefebvre de La Barre angeklagt, er habe zusammen mit seinem Freund d'Etallonde heimlich verbotene Lieder gesungen, eine Prozession nicht gegrüßt und ein Kruzifix verstümmelt. D'Etallonde gelang die Flucht nach Preußen. Doch der bekannte Raufbold La Barre musste sich seinen Anklägern stellen. Der Fall erregte Aufsehen, denn La Barre wurde zum Tode auf dem Scheiterhaufen verurteilt. War das ein letztes Aufleben der Inquisition in Frankreich? Die hatte schließlich noch 1740 eine Kuh wegen des Verdachtes der Hexerei hängen lassen. Condorcet (1743-1794) war entsetzt über die unglaubliche Intoleranz. Marie-Jean-Antoine-Nicolas de Caritat, der Marquis de Condorcet, hatte nach seiner Schulzeit bei den Jesuiten über die Mathematik den Kontakt zu d'Alembert und Voltaire gefunden. 1762 hatte er sich in Paris niedergelassen und dort im Salon von Julie de Lespinasse den Minister Turgot (1727-1781) kennengelernt. Condorcet setzte sich stets für die Menschenrechte ein und verteidigte La Barre vehement mit allen Mitteln, doch sein Erfolg war gering. Die Freunde La Barres wollten erreichen, dass das Parlament in Paris die Strafe so abmilderte, dass La Barre geköpft werden sollte, bevor sein Leichnam auf dem Scheiterhaufen verbrannt würde. Sie blieben erfolglos. Condorcet war verzweifelt; weder war die Schuld La Barres bewiesen, noch gab es ein Gesetz, dessen er sich überhaupt schuldig gemacht hätte. Gleichzeitig bestimmte das Parlament, dass zusammen mit La Barre auch Voltaires »Dictionnaire philosophique« von 1765 verbrannt werden sollte, da es die Tat La Barres angeregt habe. Voltaire definierte darin den Theisten als jemanden, der an ein höchstes Wesen glaube, welches aber Verbrechen ohne Grausamkeit bestrafen würde.

Schockiert musste Condorcet am 1. Juli 1766 mit ansehen, wie La Barre die Hand abgehackt wurde, der Henker ihm die Zunge abschnitt und ihn schließlich köpfte. Condorcet schrieb das furchtbare Justizverbrechen in seinem »Almanach anti-superstitieux« nieder. Er wagte es aber nicht, den Almanach zu veröffentlichen und bewahrte ihn bei seinen persönlichen Papieren auf. Condorcets Einsatz für La Barre zeigte eine späte Wirkung; 1793 wurde er rehabilitiert. Der Justizmord an La Barre führte in den gelehrten Salons zu einem tiefen Zerwürfnis zwischen den deistischen oder atheistischen Aufklärern und dem Klerus. Der klerikal gesteuerte Justizmord an La Barre war der Anstoß für Paul Thiry d'Holbach, im gleichen Jahr unter falschen Namen »Das entschleierte Christentum« zu veröffentlichen. Diese Schrift war nur der Beginn seines atheistischen Frontalangriffs auf die Kirche. In seinem »System der Natur« von 1777 verurteilte der Enzyclopädist den Gott der Deisten als nutzlos und den der Theisten als voller Widersprüche. Er schlug die Theologen mit den Waffen der Logik:

»Wenn er [Gott] unendlich gut ist: aus welchem Grund sollten wir ihn dann fürchten? Wenn er unendlich weise ist: warum sollten wir uns über unser Schicksal beunruhigen? Wenn er alles weiß: warum sollten wir ihn von unseren Bedürfnissen unterrichten und ihn durch unsere Gebete ermüden? Wenn er allgegenwärtig ist: warum sollten wir ihm Tempel errichten? Wenn er Herr über alles ist: warum sollten wir ihm Opfer und Geschenke darbringen? Wenn er gerecht ist: wie könnte man glauben, dass er Geschöpfe bestrafen werde, die er selbst mit Schwächen geschaffen hat? Wenn seine Gnade alles in ihnen bewirkt: aus welchem Grund sollte er sie belohnen? Wenn er allmächtig ist: wie kann man ihn beleidigen, wie ihm Widerstand leisten? Wenn er vernünftig ist: wie kann er sich gegen Blinde erzürnen, denen er die Freiheit gab, der Freiheit zuwiderzuhandeln? Wenn er unwandelbar ist: mit welchem Recht maßen wir uns an, ihn zur Widerrufung seiner Ratschlüsse bewegen zu wollen? Wenn er unvorstellbar ist: warum beschäftigen wir uns mit ihm? Wenn er gesprochen hat: warum ist die Welt nicht überzeugt? Wenn die Erkenntnis eines Gottes das Notwendigste ist: warum ist sie nicht am evidentesten und am klarsten?«[7]

Die gemeinsamen Feiern von Klerikern und Aufklärern, wie sie vor Kurzem noch im Salon von La Poupelinière veranstaltet worden waren, wurden nach der Veröffentlichung von d'Holbachs »System« seltener. Die Kluft zwischen Traditionalisten und Aufklärern wurde zusehends tiefer.

---

7 d'Holbach: System der Natur; Frankfurt/M. 1978. S. 523

XII.

1768 wurde Vaucanson Pensionär der Académie. Er veröffentlichte noch Schriften über seine Textilmaschinen, aber seine Gesundheit verschlechterte sich zusehends. Der Hunger war in Frankreich wieder ein ständiger Begleiter und es kam erneut zu Aufständen in Tours, Lyon und anderen Städten. 1771 heiratete Vaucansons Tochter den 28-jährigen François de Salvert. Vaucanson lebte nun allein.

Der 20-jährige Louis XVI. († 1793) bestieg 1774 nach dem Pockentod seines Großvaters den Thron. Womöglich war Louis XV. auch an der Syphilis gestorben, mit der ihn eine seiner jungen Mätressen angesteckt hatte.

Die Regierung von Louis XVI. sollte unter keinem guten Stern stehen. Schon bei seiner Hochzeit am 30. Mai 1770 kam es zu einem schweren Unglück. Die Menschenmassen, die das prächtige Feuerwerk anlässlich der Feier in Paris sehen wollten, waren so groß, dass es zu einer Panik kam, bei der 132 Menschen allein in der Rue Royale erstickten oder zu Tode getrampelt wurden. Viele versuchten sich noch mit einem Sprung in die Seine aus dem Gedränge zu retten. Insgesamt 1000 Menschen sollen zu Tode getrampelt worden sein.

In diesen Jahren wurde Frankreich nach mehreren Missernten und der ungeschickten Freigabe der Getreidepreise von den sogenannten Mehlkriegen heimgesucht. Selbst in Versailles protestierten die Menschen im Mai 1775. Hunger, Aufstände und schneller Reichtum der Spekulanten zwangen Minister Anne-Robert Jacques Turgot zum Handeln. Der Absolvent von Louis-le-Grand schaffte auf Anraten Quesnays die verhasste Zwangsarbeit, die Corvée, ab. Trotzdem musste er 1776 zurücktreten. Schließlich hatte der Hof wenig Interesse an einer Liberalisierung des Getreidehandels, denn der wortkarge, infame sowie durch und durch zynische Finanzminister Abbé Joseph-Marie Terray (1715-1778) wollte bereits 1768 den Mehlhandel monopolisieren. Louis XV. wurde dabei Hauptaktionär der Getreidehandelsgesellschaft des Bäckers Malisset und beschäftigte einen eigenen Schatzmeister für seine Getreidespekulationen. Der Sekretär Leprévot de Beaumont deckte den sogenannten Hungerpakt auf und büßte dafür in der Bastille, bis ihn schließlich die Revolutionäre dort befreiten. Immerhin war das Leben der Gefangenen in der Bastille um vieles angenehmer als in den anderen französischen Gefängnissen. Man empfing Besuch oder spielte Billard, hatte Bücher und Essen.

Wer in diesen Hungerjahren noch etwas Geld hatte, vergnügte sich auf dem neuen Karussell im Jardin de Monceau. Diener in chinesischen Kostümen schoben die Fahrgäste an, die es sich auf chinesischen Drachenfiguren bequem gemacht hatten; ein herrschaftliches Vergnügen.

1775 richtete Vaucanson sein Maschinenkabinett im Hôtel Mortagne in der Rue Charonne ein. Obwohl er unermüdlich in seiner Werkstatt arbeitete, schien er sich nicht für die jüngsten technologischen Entwicklungen zu interessieren, obwohl die Dampfmaschine gerade ihre ersten Triumphe feierte.

Bereits 1726 hatte die erste Dampfmaschine von May und Meyer in Frankreich gearbeitet. Sie wurde in Passy zum Wasserheben benutzt. Der ehemalige Artilleriehauptmann Claude-François-Joseph de Auxiron (1728-1778) plante, nachdem er sich längere Zeit mit Dampfschiffen befasst hatte, 1765 die Wasserversorgung von Paris durch eine Dampfpumpe zu verbessern. 1776 begannen die Brüder Auguste-Charles und Jacques-Constantin Périer (1742-1818) mit dem Bau einer solchen Maschine aus Teilen, die sie aus England importiert hatten. Vaucanson hatte sich in seiner Jugend mit Wasserpumpen beschäftigt. Ob er je die Baustelle der Périers besucht hat? Oder hatte er von den Versuchen Cugnots gehört? Nicolas Joseph Cugnot (1725-

1804), Artillerieoffizier aus Lothringen, erhielt den Auftrag, einen Dampfwagen für die Artillerie zu bauen. Zusammen mit dem Mechaniker Brézin machte er sich ans Werk. 1769 fanden erste Fahrversuche von Cugnots »Fardier« in Paris statt. 1771 wurden Versuche mit einem verbesserten Modell unternommen. Die Probefahrt endete an einer Mauer, da das Gefährt kaum zu lenken war, aber das Fahrzeug ist heute noch im Conservatoire des Arts et Métiers in Paris zu besichtigen ist. Auch der Orgelbauer Thomas-Charles-Auguste Dallery (1754-1835) aus Amiens experimentierte in diesen Jahren mit einem Dampfwagen. Und dies waren nur die wichtigsten Entwicklungen auf dem Gebiet der Dampfmaschinentechnologie in und um Paris. Obwohl Vaucanson ja auch ein mechanisch angetriebenes Fahrzeug gebaut hatte, schien er sich für diese Innovationen nicht zu interessieren. Das ist um so erstaunlicher, als sich selbst sein Freund Desaguliers schon sehr früh mit Dampfpumpen beschäftigt hatte. So baute dieser 1717 eine Dampfmaschine nach dem Muster Thomas Saverys (1650-1715) für die Gärten Peters des Großen (1672-1725) in St. Petersburg.

Vaucanson hingegen setzte auf seine bewährten Konstruktionen und zeigte in seinem Domizil Interessierten an festgelegten Besuchstagen gern die technischen Raffinessen seiner Maschinen.

Seit inzwischen zehn Jahren arbeitete Pierre Bulot (1735-1796?) bei Vaucanson. Er konstruierte Maschinen für die Gobelin-Manufakturen und errichtete Textilfabriken in Sône und Romans. Félix-Philippe Salomon Rosa (1744-1813) trat 1770 in die Dienste Vaucansons. Mit seinem Mitarbeiter Claude-François Bouceret (1710-1797) hatte sich Vaucanson kurz zuvor zerstritten.

Viel wissen wir nicht über die Mitarbeiter Vaucansons, ihre Spur verliert sich schnell, und keiner von ihnen übertrumpfte den Meister.

In diesen Jahren waren es die Automaten eines anderen Konstrukteurs, die die Neugier der Zeitgenossen auf sich zogen: die Androiden des Pierre Jaquet-Droz (1721-1790) aus La Chaux-de-Fonds. Er hatte Theologie und Mathematik studiert, interessierte sich für Mechanik und schließlich die Uhrmacherei. Gemeinsam mit seinem Sohn Henri-Louis (1752-1791) und seinem Stiefsohn Jean Fredéric Leschot (1746-1824) begann er mit dem Bau komplizierter Automaten. 1758 hatte Jaquet-Droz eine abenteuerliche Reise an den spanischen Hof unternommen, um dort seine Uhren und Automaten zu verkaufen. 1774 nun stellte er in La Chaux-de-Fonds neben einer Automatengrotte, die eine Pastoralszene zeigte, seine drei noch heute erhaltenen Figuren aus: den Schreiber, den Zeichner und die Musikerin. Während der erste noch ein gemeinsames Werk von Pierre Jaquet-Droz und Leschot war, so leistete Henri-Louis bei den anderen die Hauptarbeit. Am 21. Juni wurden sie zum ersten Mal der Öffentlichkeit vorgestellt und bald rollte ein Strom von Kutschen mit neugierigen Besuchern nach La Chaux-de-Fonds. Der Ruf des Mechanikers drang bis nach Paris. Für den Feinschmecker und Gastronomiekritiker Alexandre Balthasar Grimod de La Reynière (1758-1838) fertigte Henri-Louis Jaquet-Droz 1774 zwei künstliche Eisenhände als Prothesen. La Reynières Finger waren ihm, noch als er in der Wiege lag, von einer Sau abgefressen worden. Aufgrund dieser Behinderung war er von seiner reichen Familie verstoßen worden. Die Prothesen von Jaquet-Droz erleichterten ihm nun sein Leben.

Ein Jahr später zog Henri-Louis mit den Automaten nach Paris und zeigte sie dort im Hôtel Lubert. Jeweils von 11 bis 14 Uhr und von 17 bis 21 Uhr konnten die Kunstwerke gegen ein Entgelt besichtigt werden. Ob Vaucanson sie gesehen hatte? Der Schreiber in Gestalt eines Kindes konnte Texte mit 40 frei programmierbaren Buchstaben auf seinem Tablett schreiben. Ganz im Sinne der Pädagogik von Jean-Jacques Rousseau ist er barfuß dargestellt. Er ist der komplizierteste dieser Dreiergruppe; schon geringste Schwankungen der Umgebungstemperatur beeinflussen seine Funktion. Der Zeichner bringt vier individuell programmierte Zeichnungen zu Papier. Zwischen den einzelnen Strichen bläst der Zeichner sein Papier frei von Staub. Die Musikerin schließlich kann ihre zehn Finger perfekt auf den winzigen Tasten eines kleinen Orgelspinetts platzieren und spielt fünf verschiedene Melodien. In Versailles wurden die Automaten Marie-Antoinette vorgeführt. Entgegen der Ankündigung, nun das Portrait des ein Jahr zuor verstorbenen Louis XV. zu malen, brachte der Zeichner jedoch das Bild eines Hundes zu Papier, ein peinlicher Programmierfehler. Noch 1775 begeisterten die Kreationen der Schweizer in London George III. Sie machten auch in Brüssel Station und 1785 führte sie Jaquet-Droz in Genf vor und spendete die Einnahmen daraus den Armen der Stadt. Sein Erfolg war überwältigend. Aus den verschiedensten Ländern erreichten Jaquet-Droz Bestellungen. Seit 1772 war James Cox († 1791) in London der Händler für Jaquet-Droz. Er unterhielt in der Fleet Street seine Werkstatt und in der Shoe Lane einen Laden, Cox' Museum. Der Eintritt in diese bemerkenswerte Automatensammlung kostete eine halbe Guinee und die Besucher wurden nur in kleinen Gruppen eingelassen. Im Auftrag der Ostindischen Kompanie hatte Cox aufwendige mechanische Geschenke gebaut, so etwa für den Kaiser von China einen edelsteinbesetzten Wagen, der von einem Kuli gezogen wurde. Auf dem Wagen saß eine kleine Dame, die sich Luft zufächelte und einen flatternden Vogel hielt. Auch andere Länder versuchten, über solche Spielereien den Handel mit China zu erleichtern: Der Missionar Thibaut baute in den Jahren 1760 bis 1766 für den chinesischen Kaiser einen mechanischen Löwen und einen Tiger, der 30 bis 40 Schritte weit gehen konnte. Der Jesuit de Ventavon folgte seinem Beispiel und konstruierte 1768 einen mechanischen Menschen, der Blumengefäße trug.

Cox bestellte um 1775 bei Jaquet-Droz einen neuen Androiden, baute aber auch selbst weitere komplizierte Instrumente. Zu den Meisterwerken von James Cox zählt eine mechanische Uhr, die sich durch den atmosphärischen Druck selbst regulierte. 1778 war Cox zahlungsunfähig, und seine einzigartige Sammlung wurde im März 1779 von Christie's versteigert. 1781 eröffnete sein Sohn eine Werkstatt in Kanton. Bis etwa 1795 importierte er dort für seinen Handel mit dem chinesischen Hof Uhrwerke aus der Schweiz.

1787 verkaufte Jaquet-Droz seine drei berühmtesten Automaten an spanische Schausteller. 1812 tauchen sie wieder in Paris auf. F. Martin und Henri Louis Bourquin, der 1848 in Brünn starb, wurden zu den neuen Besitzern der Androiden. 1883 wurden sie erfolglos in München zum Kauf angeboten. 1904 erwarb sie der deutsche Sammler Carl Marfels, der sie 1906 nach Neuchâtel verkaufte, wo sie noch heute stehen. 1833 verliert sich in St. Petersburg die Spur einer zweiten Musikerin, die 16 Melodien spielen konnte.

Noch vor den Brüdern Jaquet-Droz, nämlich bereits im Jahr 1760, konstruierte Friedrich von Knaus (1724-1789) seine alles schreibende Wundermaschine. Eine Göttinnenfigur tauchte eine Feder in ein Tintenfass und brachte die eingestellte Zeichenfolge zu Papier. Bis zu 68 Zeichen konnten frei programmiert werden. Es war der vierte und auch letzte Schreibautomat, den der Wiener Hofmechaniker konstruiert hatte. 1779 beteiligte er sich noch an einem Wettbewerb der Akademie von St. Petersburg, die einen Preis für die Konstruktion eines sprechenden Kopfes ausgeschrieben hatte. Er sollte die Vokale deutlich aussprechen können, um den Preis zu gewinnen. 1780 reichte auch der Konstrukteur Kratzenstein aus Kopenhagen sein Modell ein, doch auch er gewann den Preis nicht.

Vaucansons berühmteste drei Automaten standen derweil verpackt und nicht mehr funktionsfähig in Nürnberg. 1781 sah sie der Schriftsteller Friedrich Nicolai (1733-1811) im Kontor von Pflüger. Nicolai, unermüdlicher Kopf der Berliner Aufklärung, interessierte sich für sämtliche wissenschaftliche und mechanische Neuerungen, seit er ab 1757 gemeinsam mit dem Schriftsteller und Philosophen Gotthold Ephraim Lessing (1729-1781) die »Bibliothek der Wissenschaft und schönen Künste« herausgab.

In all den Jahren scheint Vaucanson keinen Versuch unternommen zu haben, jene Automaten, die ihn bekannt gemacht hatten, in seiner Sammlung zu präsentieren. Dabei war diese Maschinenkollektion inzwischen so berühmt, dass sich selbst Kaiser Joseph II. (1741-1790) bei seinem Besuch in Paris im April 1777 gemeinsam mit Louis XVI. die Kettenmaschine von Vaucanson vorführen ließ – jene Maschine, mit der die nach ihrem Erfinder benannte endlose Kette gefertigt wird. Doch die breite Masse interessierte sich für ganz andere technische Neuerungen. Am 27. August 1783 drängten sich Zehntausende auf dem Marsfeld, um den Aufstieg eines neuen Heißluftballons zu erleben. Nach mehreren Versuchen mit den Ballons der Brüder Joseph-Michel (1740-1810) und Jacques-Étienne (1745-1799) Montgolfier wollte der Physiker Jacques Alexandre César Charles (1746-1823) sein eigenes Modell starten. Charles hatte bereits vier Tage zuvor eine gewaltige Apparatur aufgebaut, in der er aus Eisenspänen, Zink, Salz- und Schwefelsäure genügend Wasserstoff in Fässern gewann, mit der er die Hülle seines Ballons füllte – die industrielle Chemie feierte einen ersten Triumph. Dies war erst möglich, nachdem der Engländer Samuel Garbett 1741 in Birmingham eine Fabrik zur industriellen Produktion von Schwefelsäure für die Messingindustrie eröffnet hatte. Henry Cavendish (1731-1810), ein eigenbrötlerischer und sehr sparsamer Naturwissenschaftler, hatte 1760 erkannt, dass Hydrogen ideale Auftriebseigenschaften hat, die dem Ballonflug zum Durchbruch verhelfen sollten.

Der Ballon von Charles bestand aus gummiertem Taft, den Berniard geliefert hatte, und maß im Durchmesser fünf Meter. Gegen 17 Uhr war er endlich gefüllt. Charles hatte eine Ledertasche an seinem unbemannten Fluggerät befestigt, darin befand sich ein Zettel, der das genaue Startdatum festhielt: 17 Uhr 03. Der Finder der Tasche sollte den Zeitpunkt der Landung notieren und das Dokument an die Luftfahrtpioniere übergeben, denn man erhoffte sich eine tagelange Flugzeit von dem Ballon. Ein Kanonenschuss markierte den Start, dann wurden die Halteseilc gekappt. Unter den Augen von Zehntausenden Schaulustigen hob der erste Hydrogenballon ab und entschwand schnell in rund 1000 Meter Höhe. Der unbemannte Ballon landete jedoch mit einem großen Loch in der Außenhülle schon um 17 Uhr 45 im rund 15 Kilometer entfernten Gonesse. Bauern sollen am Boden auf das unheimliche Gebilde eingeschlagen und eingestochen haben; manche dachten gar, der Mond sei abgestürzt – doch schon in wenigen Wochen sollte der erste Mensch in einem Ballon den Luftraum erobern.

Nach den Automaten und Maschinen sollte nun ein Mensch für neuen Gesprächsstoff in den Salons sorgen: Giuseppe Balsamo, der sich Comte Alexandre de Cagliostro (1743-1795) nannte. Nach einer wilden Jugend als Kleinganove zog er kreuz und quer durch den Mittelmeerraum, bis er am 19. September 1780 in einer schwarzen Kutsche, die über und über mit magischen Symbolen verziert und von sechs Dienern auf schwarzen Pferden begleitet war, in Straßburg einzog. Er gab sich als Großkophta der ägyptischen Freimaurerei aus und mietete sich in einer großen Halle ein. Hierher strömten alsbald an die 15 000 Kranke, die dem polyglotten Cagliostro ihre Gebrechen zeigten. Cagliostro sprach, heilte und verkaufte sein Lebenselixier. In der von ihm gegründeten Damenloge soll er die aufnahmewilligen Mädchen und Frauen nackt, nur mit einer künstlichen Schlange bekleidet, empfangen haben. So begann sein Aufstieg in Frankreich, der 1785 in der Bastille endete. Nach seiner Flucht durch halb Europa wurde er 1789 in Rom verhaftet und von Inquisitoren in der Engelsburg gefoltert. Er starb unter ungeklärten Umständen in der Festung San Leo bei Rom. Die Kalotte seines Totenkopfes soll Napoleon Bonaparte (1769-1821) als Trinkgefäß gedient haben. Auch von Napoleon soll übrigens ein delikates Relikt erhalten sein. Sein konservierter Penis soll 1969 von einem amerikanischen Urologen ersteigert worden sein.

XIII.

In den letzten Monaten seines Leben war Vaucansons Tatendrang immer noch ungebrochen, doch fesselten ihn Krankheit und Schmerzen an das Bett. Nur mit Mühe konnte er sich seit dem Sommer 1781 im Sessel halten. Selbst unter starken Schmerzen versuchte er noch, an seinen Maschinen zu arbeiten, sie zu restaurieren und zu verbessern.

Es war in diesem Sommer, dass der hochbegabte und früh verwaiste Maximilién-Marie-Isidore Robespierre (1758-1794) die Schule Louis-le-Grand verließ und als Anwalt, der damals noch die Todesstrafe ablehnte, in seine Heimatstadt Arras heimkehrte.

Am Vorabend der Revolution musste Vaucanson schließlich seine Arbeit aufgeben: Im November 1782 konnte Vaucanson das Bett nicht mehr verlassen. Diejenigen, die ihn betreuten, verlangten von ihm, sich angesichts des nahenden Todes wieder der Religion zuzuwenden und zu beichten. Vaucanson weigerte sich. Vielleicht waren es d'Holbachs Fragen über Gott, die ihm durch den Kopf gingen. Er blieb standhaft bis zuletzt, doch dann wurden die Schmerzen zu stark und er hatte nicht mehr die Kraft, sich gegen die letzte Ölung zu wehren.

Jacques Vaucanson starb am 21. November 1782.

XIV.

Wenige Tage später bewegte sich der Trauerzug vom Hôtel de Mortagne zur Kirche Saint Marguerite, in der Vaucanson bestattet wurde. Condorcet, seit 1776 Secrétaire perpétuel der Académie, hatte wieder die traurige Pflicht, eine Eloge auf ein Académie-Mitglied zu schreiben. Condorcets Nachruf sollte zur frühesten Biographie Vaucansons werden. Vaucanson vererbte seine Maschinen testamentarisch an Louis XVI. mit der Bitte, die Sammlung der Öffentlichkeit zugänglich zu machen. Der König selbst war technisch sehr interessiert und hatte sich in den kleinen Kabinetten von Versailles mehrere Räume mit Maschinen und Werkzeugen eingerichtet. Der sächsische Mechaniker I. T. Mercklein hatte nämlich verschiedene Drehbänke für Louis XVI. konstruiert. Einige Handelsintendanten verlangten jetzt Produktionsmaschinen aus der Sammlung Vaucansons. So gelangte eine 1785 gebaute Drehbank in den Besitz der englischen Firma Brown & Sharpe; die restlichen verblieben in Paris. Das Académie-Mitglied Alexandre Vandermonde (1735-1796) wurde als Konservator der Sammlung eingesetzt.

1788 wurden die empfindlichen Seidenraupen in Südfrankreich von einer Seuche befallen. Es kam zu so großen Ausfällen bei der Seidenproduktion, dass allein in Lyon 40 000 Seidenweber arbeitslos wurden. In den Manufakturen standen über 5000 Webstühle still. Ein Jahr später verbot die Revolution Luxusgüter. In diesen Jahren gerieten die Spinnmaschinen und Webstühle Vaucansons in Vergessenheit. Nur die Exemplare seiner ehemaligen Privatsammlung blieben erhalten. Als der Mathematiker Vandermonde zwanzig Jahre nach Vaucansons Tod an einem Bluthusten im Hôtel de Mortagne starb, wurde die Sammlung wenig später ins Konvent von Saint-Martin-des-

Champs gebracht. Dort bildete sie die Grundlage des heutigen Conservatoire des Arts et Métiers, des ältesten Technikmuseums der Welt. Hier war es auch, dass im Jahr 1804 der von Napoleon Bonaparte berufene Webersohn aus Lyon, Joseph-Marie Jacquard (1752-1834), Vaucansons Webmaschine rekonstruierte und seinen eigenen mit Hilfe von Lochkarten gesteuerten Webstuhl entwickelte.

Im Jahr 1784 tauchte endlich ein Käufer für die vernachlässigten Figurenautomaten Vaucansons in Nürnberg auf: Hofrat Gottfried Christoph Beireis (1730-1809), Professor an der 1576 gegründeten Universität von Helmstedt. Beireis, der frühreife Sohn des schwärmerischen Bürgermeisters von Mühlhausen, hatte als junger Mann weite Reisen, angeblich sogar bis nach Indien, unternommen. Er pflegte als »Magus von Helmstedt« das Image des geheimnisvollen Sonderlings, der auf wundersame Weise zu viel Geld gekommen ist. Beireis hatte im Werk »Unterricht in der natürlichen Magie oder zu allerhand nützlichen und belustigenden Kunststücken« des Apothekers und Chemiedozenten Johann Christian Wiegleb (1732-1800) über Vaucansons Ente gelesen. Er wollte die von ihm erworbenen Automaten von einem Mechaniker namens Köning reparieren lassen. Die Gebrüder Pflüger schlugen einen gewissen Brunnet vor, doch erhielt der von Friedrich Nicolai vorgeschlagene Johann-Georg Bischoff der Jüngere aus Nürnberg schließlich den Auftrag. Die ursprünglich reich verzierten Podeste der Figuren waren nicht mehr erhalten, so dass Beireis neue, kunstvoll mit Gold und Silber verzierte Standsockel anfertigen ließ. Eine besondere Schwierigkeit bei der Reparatur der Automaten ergab sich dadurch, dass ihr letzter Besitzer Dumoulin die Antriebsketten so montiert hatte, dass die Mechanik nicht mehr richtig funktionieren konnte und bei Ingangsetzung sogar zerstört worden wäre. Er wollte so die Technik Vaucansons geheim halten. Dennoch gelang es Bischoff, die Sabotage zu erkennen und rückgängig zu machen.

Im Spätsommer 1784 hatte Bischoff sein Werk vollbracht und die Automaten wieder in Gang gesetzt. Beireis verlangte aber deren Modernisierung und ließ neue Stiftwalzen anfertigen, um andere Musikstücke abspielen zu können. So sollte ein Stück von Carl Heinrich Graun (1703-1759), das jener für die berühmte Sängerin Astora komponiert hatte, für den Flötenspieler vorbereitet werden. Es kostete die stolze Summe von 1110 Florin, bis die Arie »Mi paventi il glio indiguo« aus Grauns Oper »Britannico« von 1751 auf eine Tonwalze übertragen war – doch Bischoff starb, bevor er die neue Walze einsetzen konnte.

Ebenfalls im Jahr 1784 konstruierte der Uhrmacher Peter Kintzing (1746-1816) zusammen mit dem berühmten Tischler David Roentgen (1743-1807) einen weiblichen Androiden, die Tympanonspielerin[8], für Marie-Antoinette. Acht Melodien konnte das Musikwerk spielen, während die Figur Kopf, Augen und Hände bewegte.

Fünf Jahre später brach der Sturm der Revolutionsjahre über Frankreich los. Nach einem strengen Winter entlud sich am 28. April 1789 erstmals der Volkszorn. Auslöser waren Bemerkungen des Tapetenfabrikanten Jean-Baptiste Réveillon (1725-1811). Er beschäftigte damals in seiner 1765 gegründeten Manufaktur rund 300 Arbeiter. Seit 1784 prangte in goldenen Lettern der Schriftzug »Manufacture Royale de Papiers Peints et Veloutés« am Eingangstor. Dies war die Belohnung für die Entwicklung seiner kunstvollen Dekors. Réveillon hatte den Zorn der Gilden auf sich gezogen, als er öffentlich verkündete, er könne billiger produzieren, wenn er die Löhne senken würde. Eine aufgebrachte Menge von mehreren Tausend Menschen versammelte sich gegen zehn Uhr vor dem Anwesen Réveillons.

Zuletzt zählte man hier so viele Köpfe beim Start der ersten Montgolfiere, denn die Papierfabrikanten Montgolfier hatten

---

8 Tympanon: hier Tasteninstrument.

ihren Ballon von Réveillon verzieren lassen und ließen ihn am 5. Juni 1783 vom Anwesen des Fabrikanten aus erstmals aufsteigen. Doch diesmal klang der Lärm der Menge bedrohlich. Der Mob stürmte das Gelände und zerstörte alles, was ihm in die Finger kam. Die gesamte Fabrikeinrichtung, Musterbücher, Rechnungen, einfach alles wurde verbrannt, zerstört, vernichtet. Als der Mob auf das Haus Réveillons losging, blieb dem Unternehmer und seiner Familie nur die Flucht über die Mauer. Während die Plünderer sein Hab und Gut zerstörten, musste Réveillon in der Bastille Zuflucht suchen. Truppen wurden angefordert, um den Aufstand niederzuschlagen. Die Garde Française rückte mit 30 Mann an und eröffnete das Feuer auf die Menge. Selbst Kanonen kamen zum Einsatz. Doch erst als die Schweizer Garde und die Royal-Cravate vom Garderegiment Maison du Roi eingriffen, wurden die Aufständischen zerstreut. Die blutige Bilanz: Mindestens 26 Aufständische wurden erschossen. Sechs starben, weil sie im Keller der Fabrik Nitriersäurefässer mit Weinfässern verwechselt hatten. Zwei weitere wurden gelyncht und auf der Stelle aufgehängt. Die gefangenen Rädelsführer sollten auf der Place de Grève verbrannt werden. Es hieß, mehrere Anführer sollen aus dem Bezirk von Villers-Cotterets gekommen sein, eben jener Gegend, in der der Duc d'Orléans (1747-1793) ein Schloss besaß. Es kursierten nach kurzer Zeit sogar Gerüchte, der Adelige selbst habe den Aufstand angezettelt, um das herrschende Haus Capet zu stürzen.

Die Flut der Revolution war nun nicht mehr zu stoppen. Am 14. Juli rief der Marquis de Sade von seiner Zelle in der Bastille aus das Volk von Paris zum Sturm auf das gefürchtete Gefängnis auf. Der Widerstand der Wachen war gering.

Es waren 32 Schweizer Gardisten und 80 französische Veteranen, die zwei Säcke Mehl und etwas Reis als Vorräte hatten. Ihr Kommandant war der Marquis de Launay. Sieben Gefangene saßen in der Bastille – darunter einige Fälscher und ein wegen Inzest mit seiner Schwester verurteilter Marquis de Solages. Sie wurden befreit, die Wachen ermordet und sämtliche Aufzeichnungen de Sades zerstört. Waffen und Munition teilte sich das Heer der Aufständischen. Die Anführer dieses Haufens, der ehemalige Sergeant Elie und der Genfer Uhrmachergeselle Hullin, sind die Anführer. Sie versuchen de Launay und einige Kanoniere lebend ins Stadthaus zu bringen. Auf dem Place de Grève wurden sie ihren Bewachern vom aufgebrachten Mob entrissen.

Der Kopf des Marquis de Launay wurde vom Mob, auf einer Mistgabel aufgespießt, durch die Straßen von Paris getragen. Hier an einer Hausecke des Place de Grève gab es die berühmt berüchtigte Laterne, eine sogenannte Réverbère, an der Coin du Roi, weil dort das Bildnis eines französischen Königs an der Hausmauer zu sehen war. Die Straßenlaterne war mit massiven Eisenarmen an der Hausecke befestigt. Über sie wurden Stricke geworfen und schnell hängte man die Kanoniere aus der Bastille an ihnen auf. Manchmal rissen die Stricke und man knüpfte das wehrlose Opfer erneut auf. Besonders hervorgetan bei diesen Lynchmorden hat sich der Lumpensammler Perruchon, genannt La Lanterne. Die Liste der so Exekutierten war lang. Zu den prominenten Opfern zählte Bertier, der Intendant von Paris. Er konnte die Versorgung von Paris nicht mehr sicherstellen. Sein Schwiegervater Foulon, ein Mann von 74 Jahren, soll über die hungernde Bevölkerung gesagt haben: »Sie sollen Heu fressen.« Daraufhin stopfte ihm der Mob einen Heuknebel in den Mund und brachte ihn zur Place de Greve. An der Laterne Coin de Roi wurde er am 23. Juli 1789 gehängt. Auch ein junges hübsches Mädchen stand auf der Liste der zum Tode Verurteilten und Perruchon versprach ihr, sich für ihre Begnadigung einzusetzen, wenn sie ihn heiraten würde. Er erreichte bei den Behörden die Begnadigung und heiratete sie. Kurze Zeit später setzte er sich mit seiner neuen Frau auf deren Drängen für die Begnadigung eines verurteilten jungen Edelmannes ein. Gemeinsam mit seiner jungen Ehefrau befreite Perruchon den Edelmann aus dem Gefängnis. Seine Frau ergriff die Gelegenheit und brannte mit ihm durch. Wenige Monate später wurde das Flüchtlingspaar in Lyon entdeckt. Perruchon reiste nach Lyon und brachte beide persönlich auf das Schafott. Doch das war selbst für Perruchon zuviel. Er verfiel dem Alkohol und wurde wieder Lumpensammler. Eines Tages im Jahr 1844 fand man ihn tot auf seinem Strohlager.

Louis XVI. notierte am Abend des 14. Juli, jenes verhängnisvollen Tages, in seinem Tagebuch »Nichts«, schließlich hatte er auf der Jagd kein Wild erlegt. Der Sturm auf die Bastille interessierte ihn nicht. Aber das war nur der Auftakt. Der Mob riss die verhasste Zollmauer von Paris ein und zerstörte die von Claude-Nicolas Ledoux (1736-1806) entworfenen und erst zum Teil vollendeten Zöllnerhäuser, die Barrières. Im Oktober 1789 wird die Ménagerie des Königs geplündert, die überlebenden Tiere werden in den Jardin des Plantes, den alten Jardin du Roi, gebracht. Selbst die Gruft Louis' XIV. wurde von Plünderern heimgesucht, sein einbalsamiertes Herz gestohlen. Die Diebe verkauften dieses makabre Relikt an Lord Harcourt, der es wiederum an den Geologen, Paläontologen und Kirchenmann William Buckland (1784-1856) weiterverkaufte.

Bei einem Weihnachtsessen mit seinem Sohn Francis (1826-1880) verspeisten sie das gesottene Herz des Königs mit Bohnen als Beilage. Der fanatische Sammler Buckland stahl übrigens 1849 auch den Fersenknochen des Dramatikers Ben Jonson (1573-1637) aus dessen Gruft. Mit der Zeit begann Buckland sich selbst zu schlagen und zu zerkratzen. Er wurde ins Irrenhaus eingeliefert, wo er starb.

In Frankreich errichteten die Revolutionäre ihre Schreckensherrschaft. Schließlich wurde auch der kränkliche und unentschlossene Louis XVI. zum Tod auf dem Schafott verurteilt.

Rund 15 000 Soldaten bildeten am Morgen des 21. Januar 1793 einen undurchdringlichen und fast 100 Meter tiefen Kordon um das Schafott. Der zum Bürger Louis Capet degradierte König versuchte die Trommeln der Soldaten zu übertönen und rief mit lauter Stimme, er sei unschuldig, dann fügte er verbittert hinzu, er hoffe, sein Tod möge das Glück der Franzosen zementieren. Louis Capet schnitt selbst seine Haare ab, dann wurde er auf das Schafott geschnallt. Charles-Henri Sanson, Abkömmling jener alten Henkersfamilie, die über sieben Generationen von 1688 bis 1847 die Scharfrichter von Paris stellen sollten, entriegelte das Fallbeil.

Die Menge verstummte, dann griff Sanson in den Korb und zeigte der gaffenden Menge den blutenden Schädel Louis Capets. Nicht einmal der gefürchtete Henker Sanson verkraftete das Ereignis. Noch vier Wochen später fühlte sich der strenggläubige Sanson schwer krank.

Louis Capets Beichtvater vor der Vollstreckung des Urteils, Abbé Henri Edgeworth (1743-1807), besser bekannt als Firmont, musste verkleidet vor den Häschern der Revolution aus Frankreich fliehen. Dies geschah alles, während sein Verwandter Richard Egdeworth (1744-1817), seines Zeichens vierfach verheirateter Vater von 22 Kindern und Erfinder des Telegraphen, ungerührt von den Ereignissen in Frankreich ständig über neuen Projekten grübelte.

Auch im fernen Helmstedt war von der Revolution wenig zu spüren. Johann Beckmann konnte dort Vaucansons Ente in der Sammlung von Beireis bewundern. 1804 unterbreitete die französische Regierung Beireis ein erfolgloses Angebot, ihm die Figuren abzukaufen. Mitte August 1805, Napoleon überzog Europa gerade mit Krieg, besuchte selbst Johann Wolfgang von Goethe (1749-1832) auf seiner Reise von Magdeburg nach Harbke bei Helmstedt den faustischen Kunstsammler Beireis.

Beireis, ein eigenbrötlerischer, hochstapelnder Duellant, hatte eine Unmenge an Bildern verschiedenster Künstler und Qualitäten in seinem Schlafzimmer gestapelt – darunter Werke von Lucas Cranach d. Ä. (1472-1553) und Rubens (1577-1640) – und besaß neben anatomischen Präparaten auch eine enorme numismatische Kollektion. Den Grundstock seiner Sammlung bildete das Kabinett des Helmstedter Physikers Johann Andreas Schmid († 1728). Die Erfindung eines synthetischen Farbstoffes zum Ersatz der Koschenille, jener aus getrockneten Schildläusen gewonnenen Droge, die Karmesin enthält, und ein Verfahren zur Essigbereitung sollen ihm die Mittel für den Erwerb der umfangreichen Sammlung gebracht haben. Zum Zeitpunkt von Goethes Besuch befand sich diese in einem bedauernswerten Zustand. Viele ausgestopfte Vögel in der Sammlung waren von Würmern und Motten zerfressen. Den Sammler schien dies nicht sehr zu stören. Er zeigte seinem Gast Goethe mit unverhohlenem Stolz auch Vaucansons Ente. Doch der Besucher war enttäuscht über deren Zustand und beschrieb sie in seinem Tagebuch als unbefiedertes Gerippe. Sie konnte noch Kopf und Hals bewegen und noch Körner fressen, kaum jedoch die Flügel schlagen und auch nicht mehr verdauen. Goethe war noch entsetzter, als er in einem alten Gartenhaus den Flötenspieler untergestellt sah. Das Kostüm war inzwischen unansehnlich geworden, der Mechanismus defekt. Beireis zeigte ihm die ursprüngliche Tonwalze und auch die von Bischoff angefertigte. Vom provenzalischen Trommler wusste Goethe nichts zu berichten.

1809 starb Beireis an der Ruhr und vermachte einen Teil seiner Sammlung der Universität Helmstedt, die allerdings 1810 aufgelöst wurde. Im gleichen Jahr wollte die französische Regierung die Figuren aus dem Nachlass Beireis' übernehmen. In Paris wurde sogar eine komische Oper von den Komponisten de Leuven und Luigi Bordèse als Einakter mit dem Titel »Die Automaten Vaucansons« aufgeführt. Doch das alles half nichts, die Erben gaben die auf einen Wert von 100 000 Talern geschätzte Sammlung des Professors zur öffentlichen Auktion frei und Frankreich konnte die Ente nicht zurück holen.

Es war wohl in diesen Jahren, dass ein anderer Automatenbauer kurz ins Licht der Öffentlichkeit trat: der Uhrmacher Jacob Frizard aus dem schweizerischen Biel. In fast zehnjähriger Arbeit hatte er einen komplizierten Automaten in Form einer antiken Vase für den Konsul Bonaparte konstruiert. Öffnete man den Deckel, wuchs zu einer Melodie zweier auf den Henkeln der Vase sitzender Vögel eine Miniatur-Palme aus dem Gefäßkörper. Vor dem Baum war eine spinnende Schäferin platziert, in ihrem Schoß lag ein bellender Hund, der mit dem Schwanz wedelte. Zwei weidende Ziegen und ein laufender Ziegenbock rundeten die Pastoralszenerie ab.

Solche reich verzierten und auf Miniaturisierung von Situationen angelegten Automaten erreichten nicht die Raffinesse der Vaucansonschen Kreationen. Darum blieben diese über eine so lange Zeit bei den Sammlern begehrt. Vor allem eben die Ente. Ihr nächster Besitzer sollte ein Politiker werden: der preußische Kammerpräsident August Anton Harlem (1749-1825) aus Berlin. Er beauftragte den Mechaniker Dörfel aus Berlin mit der Restauration der Automaten. Hier verliert sich die Spur des Flötenspielers und des provenzalischen Trommlers, nur die Ente blieb noch erhalten. Eine Zeit lang vermutete man den Flötenspieler in Wien.

Die Traversflöte des Apollo soll sich um 1860 im Besitz von Dr. Ludwig Konrad Bethmann, Leiter der fürstlichen Bibliothek von Wolfenbüttel, befunden haben.

1839 soll die Ente im Besitz eines Professor Döbler in Prag gewesen sein. Anderen Quellen zufolge wurde sie 1840 in einem Speicher in Berlin entdeckt. Ob damals zwei Enten existierten, ist unklar. Georges Dietz und Fréchon spürten jedenfalls eine Ente auf und brachten sie in die Schweiz. Dort übernahm dann der Uhrmacher Johann-Bartholomé Reichsteiner (1810-1893) ihre Restauration. Reichsteiner benötigte neun Monate, nur um die komplizierte Mechanik zu studieren. Die Arbeit belastete Reichsteiner so sehr, dass seine Gesundheit darunter litt. Zwischendurch wollte er sogar von den Vorgaben Vaucansons abweichen, doch Dietz erlaubte nicht die geringste Änderung gegenüber dem Original. Reichsteiner studierte den Mechanismus so genau, dass er später selbst eine Ente nach dem Modell Vaucansons konstruiert haben soll. Nach zwei Jahren war die Arbeit beendet und die Ente gab ein neues Debut vor dem Publikum in Leipzig. Erneut tourte sie durch die europäischen Salons, und auch über 100 Jahre nach ihrer Entstehung zog sie die Menschen immer noch in ihren Bann. Von Leipzig ging die Reise nach Dresden, dann über Prag nach Triest und schließlich von Venedig für drei Monate nach Mailand. Dort wurde die Ente in der prunkvollen Scala präsentiert, wo sie im Jahr 1844 auch die Schriftstellerin Bettina von Arnim (1785-1859) auf ihrer Italienreise entzückte.

Automatenschauen waren populär wie nie. Mathias Tendler (1753-1825), ein steirischer Kunsttischler, zog beispielsweise mit seinem Figurentheater durchs Land. Christian Tschuggmall (1785-1845) zeigte auf Jahrmärkten seine Automaten.

Von Mailand zog Reichsteiner nach Turin und Besançon. Ende 1844 kam er in Paris an, wo die Ente im Palais-Royal ausgestellt wurde – 105 Jahre nach ihrem letzten Auftritt in der Stadt. Die Académie des Sciences bot den Besitzern die enorme Summe von 75 000 Francs, doch die lehnten den Verkauf ab. Die empfindliche Mechanik der Ente hatte erneut unter den dauerhaften Belastungen der Vorführungen gelitten und ein Flügel der Kunstente klemmte. Dietz beauftragte den renommierten Feinmechaniker Robert-Houdin (1805-1871) mit der Reparatur. Jean-Eugène Robert stammte aus Blois und war mit 24 Jahren nach Paris gekommen. Dort heiratete er Cécile-

Eglantine Houdin, die Tochter eines Uhrmachers, und nannte sich fortan Robert-Houdin. Der Irrtum eines Bibliothekars führte 1827 dazu, dass Robert-Houdin begann, sich mit Zauberei zu befassen; statt eines Werkes über die Uhrmacherkunst bekam er nämlich ein Buch über physikalische Zaubertricks ausgehändigt. Robert-Houdin verfeinerte schnell sein Talent für Taschenspielertricks; er sollte als Zauberkünstler solch einen Ruhm erlangen, dass sich später sein Verehrer Erich Weiss (1874-1926), der legendäre Entfesselungskünstler, nach ihm den Künstlernamen Harry Houdini geben sollte.

Fasziniert von den Automaten und magischen Tricks des Zauberkünstlers Philippe – hinter dem Pseudonym verbarg sich der gelernte Konditor Jacques André Noé Talon (1802-1878) – begann Robert-Houdin selbst mit der Konstruktion komplizierter Mechaniken und Uhren, wie etwa einer Pendule Mystérieuse, bei der die Zeiger sich ohne sichtbaren Antrieb drehten. Er präsentierte sie der staunenden Öffentlichkeit bei der Industrieausstellung in Paris im Mai 1839. Angespornt von diesem Erfolg begann er mit dem Bau eines Androiden für seine Vorführungen: Nach dem Vorbild von Jaquet-Droz' Schreiber konstruierte Robert-Houdin in zweijähriger Arbeit einen Automaten, der schreiben und zeichnen konnte. Die Menschenpuppe Houdins trug die Züge ihres Konstrukteurs und saß in einem üppigen Sessel vor einem Schreibtisch. Überschattet wurde die mühevolle Arbeit Robert-Houdins vom Tod seiner Frau. Im Mai 1844 konnte er schließlich seine Konstruktion auf der Industrieausstellung der Öffentlichkeit vorstellen. Auch der Bürgerkönig Louis-Philippe (1773-1850) gehörte zu den begeisterten Besuchern der Ausstellung und war beeindruckt vom Schreibautomaten Robert-Houdins – und natürlich von Vaucansons Ente. Denn es war anlässlich dieser Ausstellung, dass Robert-Houdin von Dietz beauftragt wurde, die defekte Ente zu reparieren und anschließend auszustellen.

Einen ähnlichen Schreibautomaten hatte Henri Maillardet (1745-?) etwa 1815 an John Penn Brock in den USA verkauft. Maillardets Schreib-Android war in der Lage, vier Zeichnungen und vier kalligraphische Vierzeiler zu Papier zu bringen. Der ehemalige Mitarbeiter von Jaquet-Droz baute einen weiteren Androiden: Die Figur beantwortete auf Karten gedruckte Fragen, die man in eine Schublade des Automaten legte, mit Kopfschütteln oder dem Verweis auf eine andere Karte. Einige Jahre zuvor hatte der Mathematiker und Zauberkünstler Joseph Pinetti (1750-1800) bei seinen Auftritten an den königlichen Höfen Europas bereits solche Androiden vorgeführt; wie etwa einen Großsultan, der Fragen mit dem Schlagen auf eine Glocke beantwortete.

Der Schausteller P. T. Barnum (1810-1891) war mit dem nur einen Meter großen »General« Tom Thumb (eigentlich: Charles Stratton 1838-1883) auf Europa-Tournee und kaufte Robert-Houdin nach der Industrieausstellung den Schreibautomaten schließlich für die beachtliche Summe von 7000 Francs ab. Barnum zeigte ihn danach in seinem von John Scudder gekauften American Museum in New York neben ausgestopften Tieren und den siamesischen Zwillingen Chang und Eng (1811-1874), die Captain Coffin 1829 an Bord seines Schiffes in die USA gebracht hatte. Sie erregten unter anderem dadurch Aufmerksamkeit, dass sie niemals gegeneinander Schach spielten. Nach einer Tournee durch Europa kauften sie eine Farm in North Carolina und heirateten 1843 die Schwestern Sarah und Adelaide Yeates.

Das fünfstöckige Museum von Barnum wurde 1868 nach zwei Bränden aufgegeben. Dabei verliert sich die Spur von Robert-Houdins Schreib-Android und auch von Wolfgang von Kempelens (1734-1804) berühmtem Schachautomaten – jenem Automaten, der Ambrose Bierce (1842-1914?) zu seiner Geschichte »Moxon's Master« inspirierte und der einst selbst den

Schachmeister Philidor in aller Öffentlichkeit besiegt hatte; in Absprache mit Kempelen natürlich.

P. T. Barnum blieb auch nach diesem Rückschlag auf der Erfolgswelle und tourte mit einer Truppe merkwürdiger Gestalten weiter durch die Lande: darunter einer stark tätowierten Frau, einem Hungerkünstler, der bei 1,80 Meter Größe nur 32 Kilogramm auf die Waage brachte oder einem Dickschädel, auf dessen Kopf die Zuschauer Ziegelsteine zertrümmern durften. Die Schädeldecke des Mannes soll fünf Zentimeter dick gewesen sein. Dies waren nun die Attraktionen, die die Massen anlockten. Doch auch Automaten standen noch hoch in der Gunst des Publikums.

Nach dem Vorbild von Philippes Theater »Palais des Prestiges« von 1841 in Paris mietete sich Robert-Houdin 1845 in der Galerie de Valois Nummer 164 am Palais-Royal ein und richtete dort sein »Bijou Theater« im Stil eines großbürgerlichen Salons ein. Seine Vorführungen im Palais-Royal liefen ab Mai 1845 mit sehr großem Erfolg an vielen Abenden unter dem Titel »Soirées Fantastiques«. Bis zu 200 Personen fanden in dem Theater Platz. Robert-Houdin trat in eleganter Abendgarderobe auf und unterhielt sein großbürgerliches Publikum mit Zaubertricks und Automatenvorführungen. Robert-Houdins Erfolg kannte in den nächsten Jahren keine Grenzen, er experimentierte mit Elektromagnetismus und trat in ganz Europa mit seiner Zaubershow auf. Sein Selbstbewusstsein stieg, ebenso wie sein Egoismus. Im Oktober 1856 reiste er auf die Bitte des Colonel de Neveu nach Algerien, um mit seiner Kenntnis illusionistischer Tricks die Täuschungen der einflussreichen Marabuts vor den Augen der wundergläubigen Einwohner zu entlarven. Diese religiösen Führer hatten nämlich das Volk zu einem Aufstand gegen die französische Kolonialmacht aufgestachelt. Robert-Houdin überlistete die Marabuts mit seinen elektromagnetischen Tricks und kehrte nach dieser heiklen und gefährlichen, aber auch erfolgreichen Mission nach Paris zurück.

Vaucansons Ente hatte inzwischen ganz andere Wege eingeschlagen. Noch im Jahr 1845 soll sie im schweizerischen St. Gallen vorgeführt worden sein. 1846 ließ Georges Dietz eine Lithographie drucken, in der er angab, dass er die Ente nicht nur repariert, sondern sogar noch perfektioniert habe, indem er den metallenen Körper der Ente mit Federn verkleiden ließ. 1847 soll Reichsteiner seine Kopie der Ente der Öffentlichkeit vorgestellt haben. Etwa aus dieser Zeit stammt auch eine bekannte Konstruktionszeichnung einer mechanischen Ente, die einem Uhrmacher aus den USA zugeschrieben wird. Es ist strittig, ob die Zeichnung tatsächlich ein Modell nach Vaucansons Ente darstellt. Es soll jedoch noch die Originalente gewesen sein, die Dietz und Fréchon im Februar 1848 in Berlin in einer Schaubude auf dem Gendarmenmarkt präsentierten. Dieses Exemplar soll dann 1865 in Leipzig an einen Herrn Siegner verkauft worden sein. Als ihr letzter Eigentümer gilt ein gewisser Bernus, dann verliert sich diese Spur. 1863 gelangte eine der kursierenden Enten in den Besitz des Automatenbauers Blaise Bontems. Sein Neffe Séraphin Bontems nahm die Ente nach einer Restauration erneut mit auf eine große Tour. Von Lyon aus zog er nach Valencia und präsentierte sie dort Ende Mai 1863 im städtischen Casino. Ein Jahr später scheint sich diese Ente im Besitz eines gewissen Clavel zu befinden. Anfang 1883 veröffentlichte die »Gartenlaube« einen namentlich nicht gekennzeichneten Leserbrief aus dem ukrainischen Charkow. Der Schreiber glaubte sich zu erinnern, dass im Sommer 1879 ein Herr Gassner aus St. Petersburg nach Charkow übergesiedelt sei und dort Vaucansons Ente präsentiert habe. In St. Petersburg wollte Pierre Dumoulin ja im Jahre 1755 seine Automaten verkaufen und dort hatte er auch Automaten präsentiert, die er als jene Vaucansons ausgab. War diese Ente also tatsächlich nach St. Petersburg gelangt und dort in den Besitz Gassners gekommen? In Charkow hatte der erwähnte Gassner eine große Bretterbude errichtet, in der er Antiquitäten, Wachsfiguren und einen Phonographen dem Publikum präsentierte. Der Leserbriefschreiber besuchte die Ausstellung mit seiner Frau und fand dort die Vaucanson zugeschriebene Ente, deren Mechanik einwandfrei arbeitete. Wenige Tage später kam es, wie die »Gartenlaube« berichtet, zu einem verheerenden Brand, als eine Gasflamme den baumwollenen Schnee eines Winterlandschaftsmodells aus Wachs entzündete. Alle Besucher mussten die Bretterbude fluchtartig verlassen. Gassners Ausstellung brannte bis auf den Boden nieder; von der Ente blieben nur einige verbogene Zahnräder übrig. Das soll der Untergang von Vaucansons Ente gewesen sein; doch Zweifel bleiben. War dies tatsächlich die Originalente?

Epilog

Mitte des 19. Jahrhunderts erlebte der Automatenbau in Paris nochmals eine Renaissance. Gustave Vichy, Léopold Lambert, Jean Roullet (1830-1907), sein Schwiegersohn Ernest Decamps (1847-1909), Louis Renou und Jean-Marie Phalibosis gehörten zu den herausragenden Vertretern dieses Kunsthandwerks. Die Brüder Rochat bauten raffinierte Trickpistolen und andere Geräte für Taschenspielertricks. Inzwischen hatte die Elektrizität Einzug in den Automatenbau gehalten. Gustave Trouvé (1830-1902) konstruierte verschiedene elektromechanische Automaten, darunter einen flügelschlagenden Paradiesvogel. Auch die Androiden Vaucansons fanden ihr modernes Pendant, beispielsweise jener künstliche Mensch, mit dem Zadoc P. Dederic und Isaac Grass aus Newark, New Jersey, im Osten der USA von Jahrmarkt zu Jahrmarkt zogen. Dieser von einer Dampfmaschine angetriebene Android sollte sogar in Wettläufen antreten. Keiner dieser Konstrukteure konnte jedoch die Leistungen Vaucansons erreichen.

In den 1930ern sandte ein Italiener zwei Fotos an das Conservatoire des Arts et Métiers in Paris. Sie zeigten angeblich Vaucansons Ente in Dresden. Die beiden erhaltenen Aufnahmen stammen aus den 1890ern, waren also zum Zeitpunkt der Korrespondenz bereits 40 Jahre alt. Im Begleitschrieben wurde dem Museum die abgebildete Ente zum Kauf angeboten, welches allerdings ablehnte. Bis heute ist umstritten, ob die Aufnahmen tatsächlich Vaucansons Automaten zeigen. Das endgültige Schicksal von Vaucansons Ente ist damit ungewiss.

Heute gibt es wieder eine mechanische Ente. Das Musée des Automates de Grenoble ließ vor wenigen Jahren den Nachbau bei Frédéric Vidoni in Chambery fertigen. Die vergoldete Ente trinkt, frisst und verdaut fast wie das Original. Wenn auch die

Flügel die Perfektion Vaucansons vielleicht nicht erreichen, so überrascht diese neue Ente den Betrachter doch mit einer staunenswerten Neuerung: Am Ende des Bewegungszyklus bläst sie eine Kerze aus. Der Mythos von Vaucansons Ente lebt weiter.

Lebensdaten Jacques Vaucansons im historischen Kontext

1709	Jacques Vaucanson am 24.2. in Grenoble geboren.	Russland besiegt Schweden.
1710		Louis XV. am 15.2. geboren.
1713		Spanischer Erbfolgekrieg (seit 1701) beendet. Denis Diderot am 5.10. geboren.
1715	Besuch der Jesuitenschule in Grenoble.	Louis XIV. stirbt am 1.9. Preußen im Krieg mit Schweden.
1717	Besuch des Collège de Juilly	Prinz Eugen erobert Belgrad.
1721		Der Duc de Falari wird wegen Straßenraub zum Tode verurteilt. Bei der Überführung nach Pontarlier lässt man ihn fliehen.
1725	Novize bei den Minimen in Lyon.	Louis XV. heiratet die polnische Königstochter Marie Leszczynska (1703-1768).
1727	Beginn der Reise durch Frankreich.	
1728	Ankunft in Paris. Besuch des Jardin du Roi.	

1729		Straßenräuber Nivet zum Tode verurteilt.
1731	In Rouen Partnerschaft mit Le Cat.	
1732	Vaucanson reist als Schausteller durch Nordwestfrankreich.	
1733	Zurück in Paris.	Polnischer Thronfolgekrieg (bis 1738) beginnt.
1734	Partnerschaft mit Colvée.	
1735	Bau des Flötenspielers. Krankheit.	
1738	Öffentliche Präsentation der Automaten in Paris. Ende der Partnerschaft mit Colvée. Präsentation der Automaten vor der Académie de Sciences.	Ende des Polnischen Thronfolgekrieges.
1740	Vaucanson zeigt seine Automaten in Frankreich und Italien.	Krieg Englands mit Spanien.
1741	Intendant der Seidenmanufakturen.	
1742	Verkauf der Automaten.	
1744	Seidenfabriken nach Vaucansons Plänen entstehen.	Erster Schlesischer Krieg. (1740-42)
1745		Marquise de Pompadour (1721-1764) wird die Mätresse von Louis XV.

1747		England besiegt die französische Marine mehrfach. Aufstand in Toulouse.
1748	Straßenfahrzeug mit Uhrwerksantrieb und Achsdifferential.	Österreichischer Erbfolgekrieg beendet.
1749		Johann Wolfgang von Goethe am 28.08. geboren.
1751	Spinnfabrik in Aubenas.	Erster Band der Encyclopédie erscheint.
1752		Gregorianischer Kalender in England eingeführt. Englands Einfluss in Indien wächst. Aufstände in Rouen, Languedoc, Guyenne, Auvergne.
1753	Jacques Vaucanson heiratet Madeleine Rey.	
1755	Vaucanson zurück in Paris.	Englisch-Französischer Kolonialkrieg beginnt.
1756		Beginn des Siebenjährigen Krieges. Casanova (1725-1798) flieht aus den Bleikammern Venedigs. Baron Plumartin wird als Straßenräuber zum Tode verurteilt.
1758		Briten nehmen Louisburg (Kanada) ein.

1759		Österreich und Russland besiegen Preußen bei Kunersdorf. Friedrich Schiller am 10.11. geboren.
1760		England erobert Kanada.
1765	Pierre Bulot wird Mitarbeiter Vaucansons.	
1767		Der Duc de Choiseul lässt 50 000 Bettler verhaften.
1768	Pensionär der Académie.	1. Weltumsegelung von James Cook. Russisch-Türkischer Krieg.
1769		Napoléon Bonaparte am 15.08 geboren. Atmosphärische Dampfmaschine von Watt.
1770	Streit mit Claude-François Bouceret. Félix-Philippe Rosa wird Vaucanons Mitarbeiter.	
1774		Louis XVI. am 10.5. gekrönt.
1775	Vaucanson sammelt seine Maschinen im Hôtel de Mortagne.	Amerikanischer Unabhängigkeitskrieg (bis 1783). Schwerer Herbststurm über Nordengland versenkt zahlreiche Schiffe. Hungersnot in Frankreich.
1779		Spanien belagert erfolglos Gibraltar.

1780		Niederländisch-Englischer Seekrieg.
1782	Jacques Vaucanson stirbt am 21.11.	Straßenräuber Hulin zum Tode verurteilt.

Stationen der Automaten nach 1742

1746	Tour von Straßburg über Frankfurt am Main nach Hamburg
1752/53	Automaten in Nürnberg vorgeführt, anschließend eingelagert.
1759	Nachbau der Ente in Moskau?
1784	Gottfried Beireis kauft die Automaten in Nürnberg. Schicksal des provenzalischen Trommlers unklar.
1810	August Anton Harlem kauft die Ente. Spur des Flötenspielers verliert sich.
1839	Ente in Prag?
1840	Ente in Berlin entdeckt. Wird in der Schweiz restauriert.
1842	Nachbau der Ente entsteht. Original wird in Leipzig, Dresden, Prag, Triest, Venedig, Mailand, Turin, Besançon gezeigt.
1844	Ente in Paris; muss repariert werden.
1845	Ente in St. Gallen gezeigt (Nachbau?).
1847	Nachbau der Ente öffentlich präsentiert.
1848	Original-Ente in Berlin.
1860	Traversflöte des Flötenspielers in Wolfenbüttel?
1863	Eine Ente in Frankreich. Präsentation in Lyon und Valencia.
1865	Verkauf des Originals nach Leipzig.
1879	Eine Ente in Charkow verbrannt.
1890	Fotos der Ente entstehen in Dresden.

Quellen

Die wichtigste biographische Quelle zu Jacques Vaucanson ist bis heute das Werk »Jacques Vaucanson Mécanicien de Génie« (Paris 1966) von André Doyon und Lucien Liaigre. Als Ergänzung dienten, neben dem Büchlein »Jacques Vaucanson« des Musée National des Techniques in Paris, die Einträge in die diversen französischen Nationalbiographien sowie Gaby Woods »Living Dolls« (London 2002) und schließlich »Automata and Mechanical Toys« von Mary Hillier (London 1988). Details zu John Law stammen aus Malcolm Balens »A very English Deceit« (London et al. 2003). Zu den verwendeten Nachschlagewerken gehörten Watkins Biographical Dictionary (London 1860), Hayden's Dictionary of Dates (New York 1893), Bouillets Dictionnaire d'Histoire et de Géographie (Paris 1859), Bouillets Dictionnaire des Sciences des Lettres & des Arts (Paris 1860), das Technik-Lexicon von Feldhaus (1914), die Enzyklopädien von Krünitz, Zedler sowie von Ersch und Gruber. Auch die Kulturgeschichten von Will Durant, Alexander von Gleichen-Russwurm, Ernst Fuchs und Max von Boehns Werk »Rokoko« (Berlin 1921) waren für die Entstehung ebenso hilfreich wie das »Journal de Barbier« oder die Aufzeichnungen des Grafen Saint-Simon. Leider war es nicht in allen Fällen möglich, die Lebensdaten der erwähnten Personen zu ermitteln.

Einige historische Automaten sind noch in Museen erhalten. Hier eine unvollständige Liste mit Sammlungen, in denen einige schöne Artefakte erhalten sind:

Musée Arts et Métiers	Paris
Musée d'art et d'histoire	Neuchâtel

Musée International d'Horlogerie	La Chaux-de-Fonds
Musée d'Horlogerie	Le Locle
Musée de l'Horloge Comtoise et d'Automates	Morteau
Musée d'Horlogerie	Morteau
Musée des automates de Grenoble	Grenoble
Musée de l'Automate	Souillac
Musée des Automates EMA	Lyon
Museum für Musikautomaten	Seewen SO (CH)
Deutsches-Musikautomaten Museum	Bruchsal

Namens- und Ortsregister

BoD ist ein moderner Autorenverlag. Jeder Autor kann bei BoD zu überschaubaren Kosten sein eigenes Buch veröffentlichen – der Vielfalt sind keine Grenzen gesetzt: Schulgeschichten und Philosophie, moderne Märchen und Ratgeber finden ihren Platz ebenso wie Sinnsprüche und Zeitgeschehen, das Phantastische wie die alltägliche Realität. BoD macht aus einem Manuskript in kurzer Zeit ein fertiges Buch. Und jeder Leser kann es kaufen, überall im deutschsprachigen Buchhandel und in nahezu allen Internet-Buchshops wie Amazon oder Libri.de. Denn jedes BoD-Buch ist in den für Buchhändlern so wichtigen Großhandelskatalogen zu finden – die entscheidende Voraussetzung für den Bucherfolg.

Informieren Sie sich über Ihre Möglichkeiten auf www.bod.de.

Bibliografische Information der Deutschen Nationalbibliothek:
Die Deutsche Nationalbibliothek verzeichnet diese Publikation in der Deutschen Nationalbibliografie; detaillierte bibliografische Daten sind im Internet über http: // dnb.d-nb.de abrufbar.

Herausgeber: Vito von Eichborn
Herstellung und Verlag: Books on Demand GmbH, Norderstedt
ISBN 978-3-8334-8614-2